Cem Şentürk
Repräsentation von Migrantinnen und Migranten in den Selbstverwaltungsgremien der Kammern in NRW

Die vorliegende Studie wurde vom Ministerium für Wirtschaft, Industrie, Klimaschutz und Energie des Landes Nordrhein-Westfalen (MWIKE NRW) gefördert und vom Ministerium für Kinder, Jugend, Familie, Gleichstellung, Flucht und Integration des Landes Nordrhein-Westfalen (MKJFGFI NRW) fachlich begleitet.

Ministerium für Wirtschaft, Industrie, Klimaschutz und Energie des Landes Nordrhein-Westfalen

Ministerium für Kinder, Jugend, Familie, Gleichstellung, Flucht und Integration des Landes Nordrhein-Westfalen

Die Institute der Johannes-Rau-Forschungsgemeinschaft werden vom Land NRW institutionell gefördert.

Institut an der Universität Duisburg-Essen

Cem Şentürk

Repräsentation von Migrantinnen und Migranten in den Selbstverwaltungsgremien der Kammern in NRW

Verlag Barbara Budrich
Opladen • Berlin • Toronto 2024

Bibliografische Information der Deutschen Nationalbibliothek
Die Deutsche Nationalbibliothek verzeichnet diese Publikation in der Deutschen Nationalbibliografie; detaillierte bibliografische Daten sind im Internet über https://portal.dnb.de abrufbar.

Gedruckt auf FSC®-zertifiziertem Papier, CO2-kompensierte Produktion. Mehr Informationen unter https://budrich.de/nachhaltigkeit/.

Dieses Buch steht im Open-Access-Bereich der Verlagsseite zum kostenlosen Download bereit (https://doi.org/10.3224/84743097).
Eine kostenpflichtige Druckversion (Print on Demand) kann über den Verlag bezogen werden. Die Seitenzahlen in der Druck- und Onlineversion sind identisch.

ISBN 978-3-8474-3097-1 (Paperback)
eISBN 978-3-8474-3231-9 (PDF)
DOI 10.3224/84743097

Druck: Libri Plureos, Hamburg
Umschlaggestaltung und Titelbild: Bettina Lehfeldt, Kleinmachnow – www.lehfeldtgraphic.de
Satz: Anja Borkam, Langenhagen – kontakt@lektorat-borkam.de
Lektorat: Ulrike Weingärtner, Gründau – info@textakzente.de

Inhalt

I Einleitung

I.I Hintergrund

Deutschland ist von Einwanderung und den damit verbundenen Chancen und Herausforderungen geprägt. Dies gilt in besonderem Maße für das bevölkerungsreichste Bundesland Nordrhein-Westfalen mit seiner langen Industrie- und Migrationsgeschichte. Laut Mikrozensus 2022 haben knapp 24 Millionen Menschen in Deutschland (29 Prozent der Bevölkerung) eine Einwanderungsgeschichte. In NRW hat sogar jede dritte Person (34 Prozent) ausländische Wurzeln.[1]

Dreh- und Angelpunkt einer integrierten Gesellschaft ist die Möglichkeit der gleichberechtigten Teilhabe, wobei dem Erwerbsleben herausragende Bedeutung zukommt. In den öffentlichen Debatten über die Erwerbsbeteiligung von Eingewanderten stehen vor allem zwei Aspekte – die Herausforderungen der Erwerbslosigkeit und die Chancen zur Deckung des Fachkräftebedarfs – im Vordergrund. Für die gesellschaftliche Integration wichtig ist indessen auch die *selbständige* Erwerbstätigkeit von Eingewanderten, die in den vergangenen Jahren zwar mehr und mehr ins öffentliche Bewusstsein gerückt ist und seitens Wirtschafts- und Integrationspolitik auch zu fördern gesucht wurde, ohne dass aber strukturelle Defizite der Beteiligung solcher Unternehmen an Ausbildung, Qualifikation, Beratung, Wirtschaftsförderung, gesellschaftlichem Engagement usw. bisher in der Breite hätten ausgeräumt werden können. Dabei hat immerhin ein Viertel (182.000) der

1 Statistisches Bundesamt (2023). Statistischer Bericht: Mikrozensus 2022 – Bevölkerung nach Migrationshintergrund. Tabelle 12211-12, ZfTI-Berechnungen.

729.000 Selbständigen in NRW eine Einwanderungsgeschichte.[2] Und obwohl die absolute Anzahl der Selbständigen in NRW seit Jahren kontinuierlich sinkt, ist die Zahl der Selbständigen mit Einwanderungsgeschichte entgegen dem Trend gestiegen, was auch heißt, dass die Unternehmenslandschaft immer herkunftsheterogener wird. Laut einer Studie der Bertelsmann Stiftung erfolgten 39 Prozent der Neugründungen in NRW im Jahr 2018 durch ausländische Staatsbürger*innen.[3] Es ist davon auszugehen, dass die starke Fluchtmigration seit 2015/2016 diesen Trend mittel- und langfristig noch verstärken wird.

Ein deutliches Zeichen für die strukturellen Defizite bei der Teilhabe von Unternehmen mit Migrationsgeschichte ist ihre mangelhafte Repräsentation in den Gremien der berufsständischen Körperschaften. Eine Durchsicht der Webseiten der in NRW ansässigen Kammern vom August 2020 hatte gezeigt, dass beispielsweise die große Gruppe der türkeistämmigen Unternehmer*innen in den Kammergremien nur selten vertreten ist. Damals wurden durch das Zentrum für Türkeistudien und Integrationsforschung (ZfTI) die Mitgliederlisten der Vollversammlungen (bzw. Vorstände) der 16 Industrie- und Handelskammern, der sieben Handwerkskammern und der 16 Kammern der Freien Berufe nach türkischen Vor- und Nachnamen durchsucht (onomastisches Ver-

---

2 Im Rahmen dieser Studie wurde eine Sonderauswertung zu sozialstrukturellen Merkmalen der Selbständigen mit Einwanderungsgeschichte durch das Statistische Landesamt NRW (IT.NRW) im Auftrag des ZfTI durchgeführt. Sofern keine andere Quelle angegeben ist, basieren die in diesem Bericht präsentierten Zahlen auf dieser Sonderauswertung: IT.NRW (2023). Sonderauswertung: Selbstständige in Nordrhein-Westfalen 2020 bis 2022 nach Migrationsstatus sowie ausgewählten weiteren Merkmalen, ZfTI-Berechnungen.

3 Kay, R., Nielen, S. (2020). Ausländische Staatsangehörige als Gründer in NRW zwischen 2003 und 2018. Gütersloh: Bertelsmann Stiftung. Im gesamten Text wird bei der Bezeichnung von Personen und Personengruppen in der Regel die geschlechtsneutrale Form gewählt. Dies gilt auch für die Zitation einzelner Interviewpartner*innen im Sinne der Anonymisierung.

fahren).[4] Unter den 2.848 Personen, die als Mitglieder oder stellvertretende Mitglieder erwähnt wurden, konnten nur 14 Personen als türkeistämmig identifiziert werden. Dieser Befund gilt nach Eindruck der Interviewpartner*innen der vorliegenden Studie für die Situation von Eingewanderten in den Kammern auch anderer Herkünfte.

Die gleichberechtigte Einbindung aller Unternehmer*innen in die Entscheidungsprozesse der Kammern ist jedoch geboten, da die berufsständischen Körperschaften als öffentliche Akteurinnen wesentliche Rahmensetzungen für Unternehmen vornehmen und zugleich auch die Interessen ihrer (Pflicht-)Mitglieder vertreten. Die Kammer(voll)versammlungen und -vorstände sind die maßgeblichen Entscheidungsgremien innerhalb der Kammern und spielen eine Schlüsselrolle bei der Bildung anderer Organe (z.B. Ausschüsse und Präsidien) sowie bei der Besetzung wichtiger Positionen (z.B. Präsident*innen und Geschäftsführer*innen). In den Kammern der Freien Berufe werden diese Funktionen je nach Kammertyp entweder von den Kammerversammlungen oder von Kammervorständen wahrgenommen. Je nach Kammertyp sind unterschiedlich stark ausgeprägte Untergliederungen vorhanden, mitunter auf die lokale Ebene reichend. Ebenso bestehen von Fall zu Fall zentrale Fachausschüsse mit bestimmten Themen und Aufgabenstellungen. Auch wenn sich die vorliegende Studie primär der Vertretung von Migrant*innen in den Kammergremien vor dem Hintergrund gebotener gleichberechtigter Partizipation widmet, sind letztendlich alle Ebenen

---

4 Türkische Namen eignen sich besonders gut für das Verfahren der Onomastik, da die Familiennamensreform von 1934 in Verbindung mit der Einführung des lateinischen Alphabets zu einer Vereinheitlichung der Namen in der Türkei geführt hat. Dadurch wird die Zuordnung von Namen zum Herkunftsland erheblich erleichtert. Dieses Verfahren ist auch für die Identifizierung von Personen ohne persönliche Einwanderungsgeschichte geeignet. Eine Analyse, basierend auf dem SOEP-Datensatz, zeigt, dass das Verfahren bei einzelnen Herkunftsländern hohe Trefferquoten aufweist. Insbesondere Japan (100 Prozent), Deutschland bzw. kein Migrationshintergrund (98 Prozent) und die Türkei (97 Prozent) erzielen gute Ergebnisse. Liebau, E., Humpert, A., Schneiderheinze, K. (2018). Wie gut funktioniert das Onomastik-Verfahren? Ein Test am Beispiel des SOEP-Datensatzes. In: SOEP-Papers, Nr. 976 (1), S. 1-26.

für Öffnungsstrategien mittelbar von Bedeutung, da das Engagement in unterschiedlichen Kontexten auf eine Betätigung in den Gremien hinführen kann.

Im vorliegenden Text werden Gründe für die geringe Partizipation von Unternehmer*innen mit Einwanderungsgeschichte in den Kammergremien in NRW identifiziert, um darauf aufbauend mögliche Maßnahmen zur Verbesserung ihrer Beteiligung aufzuzeigen. Dabei betritt die Studie insofern Neuland, als speziell für Deutschland die Bedingungen für den Einbezug von Eingewanderten in die Kammern bisher nicht systematisch untersucht wurden. Diese Problematik betrifft jedoch nicht ausschließlich die Forschung über die Beteiligung von Migrant*innen in Kammerstrukturen. Tatsächlich ist das Kammersystem insgesamt unterforscht.[5] Für die vorliegende Studie wurden verschiedene Untersuchungen zu Kammerstrukturen vor allem aus rechtswissenschaftlicher Perspektive berücksichtigt, die sich u.a. mit Legitimation der Kammern befassen. Darüber hinaus wurde auch auf Literatur zur interkulturellen Öffnung und zur Selbständigkeit von Migrant*innen zurückgegriffen. In rechtswissenschaftlichen Publikationen zu den Kammern wird Migration, wenn überhaupt, meistens nur am Rande erwähnt, oft im Zusammenhang mit dem Thema Ausbildung. Ein Beispiel dafür ist das Handbuch „Arbeitgeber und Wirtschaftsverbände in Deutschland", das mehr als 700 Seiten umfasst, jedoch „Migration" lediglich im Sinne von Auswanderung einmal im Kontext der NS-Zeit erwähnt.[6] In Veröffentlichungen zur interkulturellen Öffnung ist die Situation ähnlich. In einem verbreiteten Lehrbuch wird der Begriff „Kam-

5 Van Elten, K. (2018). Profession und Selbstverwaltung. Die Legitimationspolitik von Wirtschafts- und Berufskammern. Wiesbaden: Springer VS, S. 9.

6 Schroeder, W., Weßels, B. (Hrsg., 2017). Handbuch Arbeitgeber- und Wirtschaftsverbände in Deutschland. Wiesbaden: Springer VS. In einem aktuellen Überblicksband über die Tätigkeit der IHKn (der unter Beteiligung von IHKn zustande gekommen ist) wird Diversity insgesamt nur sehr am Rande thematisiert. Sasse, E., Habisch, A. (Hrsg., 2021). The German Chambers of Commerce and Industry. Self-governance, Service, the General Representation of Interests and the Dual System of Professional Education. Berlin: Springer Nature.

mer“ lediglich dreimal erwähnt, jedoch nicht im Sinne einer zu öffnenden Einrichtung.[7] Auch in Studien zur migrantischen Selbständigkeit wird die Mitwirkung von Migrant*innen in den Kammern vernachlässigt, von wenigen Ausnahmen abgesehen.[8]

Die vorliegende Studie versteht sich als erstes Angebot und Hilfsmittel für eine interkulturelle Öffnung der Kammern in NRW. Sie schlägt empiriebasiert Punkte vor, an denen eine Förderung der Partizipation von Migrant*innen in den Kammern ansetzen kann, wobei sich diese Punkte je nach Kammertyp unterscheiden. Unabhängig davon bedarf interkulturelle Öffnung immer eines (für jede Organisation separat zu entwickelnden) Leitbildes, das einerseits das Gebot der Gleichbehandlung mit der besonderen Förderung einzelner Gruppen und Empowerment schwach repräsentierter Mitglieder und andererseits die Gefahr einer Separation dieser Mitglieder bzw. die Gefahr der Bildung von Parallelstrukturen austariert; internationale Erfahrungen des Einbezugs von Minderheiten in das Kammersystem illustrieren diese Herausforderungen (siehe unten). Dabei stellt sich immer auch die Frage nach der Fassung des Begriffs „Migrant*in“, wobei dieser, je nach Definition, eine äußerst heterogene Gruppe beschreiben kann, die nicht in Gänze Adressatin von Maßnahmen sein muss.

7 Griese, C., Marburger, H. (2012). Interkulturelle Öffnung: Ein Lehrbuch. Wiesbaden: Springer VS.

8 Eine Ausnahme ist die Studie des Sachverständigenrats für Integration und Migration (SVR), die sich mit der Förderlandschaft für migrantische Unternehmer*innen befasst und die Beratungsangebote der IHKn für diese Zielgruppe untersucht hat. Allerdings fehlt in dieser Studie die Analyse der Angebote anderer Kammerarten sowie eine Diskussion über Möglichkeiten der Mitwirkung in den Kammerstrukturen. SVR (2014). Wirtschaftliche Selbstständigkeit als Integrationsstrategie: Eine Bestandsaufnahme der Strukturen der Integrationsförderung in Deutschland. Berlin: SVR.

I.II Gegenstand und Vorgehensweise

Die vorliegende Studie konzentrierte sich auf 39 Kammern, basierend auf einer Liste des nordrhein-westfälischen Wirtschaftsministeriums.[9] Aufgrund der äußerst geringen Beteiligung von Migrant*innen als Arbeitgeber*innen in der landwirtschaftlichen Produktion[10] wurde die auf der Liste stehende Landwirtschaftskammer NRW nicht in die Analyse einbezogen. Ebenso wurden die neu gegründete Pflegekammer und die Psychotherapeutenkammer nicht berücksichtigt.

Tabelle 1: Die untersuchten Kammern in Nordrhein-Westfalen

Offizieller Name	**Abkürzung**
Industrie- und Handelskammer Aachen	IHK Aachen
Industrie- und Handelskammer Arnsberg, Hellweg-Sauerland	IHK Arnsberg
Industrie- und Handelskammer Bonn/Rhein-Sieg	IHK Bonn
Industrie- und Handelskammer Lippe zu Detmold	IHK Detmold
Industrie- und Handelskammer Mittlerer Niederrhein Krefeld-Mönchengladbach-Neuss	IHK Krefeld
Industrie- und Handelskammer Mittleres Ruhrgebiet	IHK Bochum
Industrie- und Handelskammer Nord Westfalen	IHK Münster
Industrie- und Handelskammer Ostwestfalen zu Bielefeld	IHK Bielefeld
Industrie- und Handelskammer Siegen	IHK Siegen

9 https://service.wirtschaft.nrw/servicebereich/kammern-nrw/weitere-kammern, zuletzt aufgerufen am 13.05.2023

10 Lediglich etwa ein Prozent der selbständigen Personen mit Einwanderungsgeschichte üben eine Tätigkeit in der Agrarwirtschaft, einschließlich Land-, Forstwirtschaft und Fischerei, aus. Sachs, A. (2020). Migrantenunternehmen in Deutschland zwischen 2005 und 2018: Ausmaß, ökonomische Bedeutung und Einflussfaktoren auf Ebene der Bundesländer. Gütersloh: Bertelsmann Stiftung, S. 25.

Offizieller Name	Abkürzung
Industrie- und Handelskammer Wuppertal-Solingen-Remscheid	IHK Wuppertal
Industrie- und Handelskammer zu Dortmund	IHK Dortmund
Industrie- und Handelskammer zu Düsseldorf	IHK Düsseldorf
Industrie- und Handelskammer zu Essen	IHK Essen
Industrie- und Handelskammer zu Köln	IHK Köln
Niederrheinische Industrie- und Handelskammer Duisburg-Wesel-Kleve zu Duisburg	IHK Duisburg
Südwestfälische Industrie- und Handelskammer zu Hagen	IHK Hagen
Handwerkskammer Aachen	HWK Aachen
Handwerkskammer Ostwestfalen-Lippe zu Bielefeld	HWK Bielefeld
Handwerkskammer Dortmund	HWK Dortmund
Handwerkskammer Düsseldorf	HWK Köln
Handwerkskammer zu Köln	HWK Köln
Handwerkskammer Münster	HWK Münster
Handwerkskammer Südwestfalen	HWK Arnsberg
Architektenkammer NRW (Hauptsitz: Düsseldorf)	AKNW
Ingenieurkammer-Bau NRW (Hauptsitz: Düsseldorf)	IKBAU NRW
Rechtsanwaltskammer Düsseldorf	RAK Düsseldorf
Rechtsanwaltskammer Hamm	RAK Hamm
Rechtsanwaltskammer Köln	RAK Köln
Steuerberaterkammer Düsseldorf	RAK Düsseldorf
Steuerberaterkammer Köln	StbK Köln
Steuerberaterkammer Westfalen-Lippe	StbK Münster
Tierärztekammer Nordrhein (Hauptsitz: Kempen)	–
Tierärztekammer Westfalen-Lippe (Hauptsitz: Münster)	–

Offizieller Name	Abkürzung
Apothekerkammer Nordrhein (Hauptsitz: Düsseldorf)	AKNR
Apothekerkammer Westfalen-Lippe (Hauptsitz: Münster)	AKWL
Ärztekammer Nordrhein (Hauptsitz: Düsseldorf)	AEKNO
Ärztekammer Westfalen-Lippe (Hauptsitz: Münster)	AEKWL
Zahnärztekammer Nordrhein (Hauptsitz: Neuss)	–
Zahnärztekammer Westfalen-Lippe (Hauptsitz: Münster)	–

Die vorliegende Studie basiert auf leitfadengestützten Expert*inneninterviews mit unterschiedlichen Personengruppen.[11] Diese Methode bietet die Möglichkeit der Exploration komplexer Zusammenhänge und der Berücksichtigung subjektiver Sichtweisen, die das Akteurshandeln bestimmen. Im Zeitraum vom 18. Oktober 2022 bis zum 27. Februar 2023 wurden insgesamt 21 Personen interviewt. Von diesen waren sechs Personen in leitenden Positionen in den Gremien der Kammern tätig, sieben waren Unternehmer*innen mit Einwanderungsgeschichte, die sich in Vollversammlungen bzw. Präsidien engagierten, und acht waren migrantische Unternehmer*innen ohne Erfahrung in den Kammergremien.[12]

Alle interviewten Kammerfunktionäre waren männlich. Von den sieben in Kammer(voll)versammlungen aktiven waren drei und von den

11 Ursprünglich war geplant, die Fragen zur Repräsentation von Migrant*innen in den Kammern mittels einer standardisierten Onlinebefragung zu erheben. Hierzu wurden die Kammerleitungen sowohl per Briefpost als auch per E-Mail kontaktiert. Lediglich acht Kammern (eine IHK, eine HWK, sechs Kammern der Freien Berufe) nahmen an dieser Befragung teil, deren geringer Rücklauf hier nicht ausgewertet wird. Bestandteil dieser Onlinebefragung waren auch vorhandene Ansätze der interkulturellen Öffnung, die dann ersatzweise in den leitfadengestützten Interviews mit den Kammervertretern behandelt wurden, um zumindest erste Erkenntnisse in diesem Bereich zu generieren.

12 Die Interviews wurden wie folgt codiert: KV für Kammervertreter, EU für engagierte Unternehmer*innen und NEU für nicht engagierte Unternehmer*innen.

acht nicht in Kammerstrukturen aktiven Migrant*innen waren zwei weiblich.

Um geeignete Interviewpartner*innen zu finden, wurden je nach Zielgruppe unterschiedliche Strategien verfolgt. Zunächst wurden die Hauptgeschäftsführer*innen der 39 Kammern schriftlich per Briefpost und zusätzlich per E-Mail gebeten, leitende Ansprechpersonen für die Interviews zu benennen. Mit sechs Personen, die sich daraufhin gemeldet hatten, wurden Interviews durchgeführt. Drei Interviewpartner*innen repräsentierten Kammern der Freien Berufe, zwei die Industrie- und Handelskammern (IHKn) und eine*r eine Handwerkskammer (HWK).

Die engagierten Unternehmer*innen mit Einwanderungsgeschichte wurden über die Webseiten der 39 Kammern identifiziert. Die Seiten wurden nach Namen in den Vollversammlungen, Präsidien und Vorständen durchsucht, die auf ausländische Wurzeln hindeuten. Es konnten 105 Personen auf diese Weise identifiziert werden. Diese Personen wurden per Post kontaktiert (84 davon zusätzlich per E-Mail). Mit sieben von ihnen wurden leitfadengestützte Gespräche geführt. Vier dieser Personen sind in IHKn tätig, eine in einer HWK und zwei in Kammern der Freien Berufe.

Die Interviewpartner*innen ohne Engagementserfahrung wurden im Unternehmensnetzwerk des ZfTI identifiziert, im Sinne von Personen, die unterschiedlichen Kammern angehören, in unterschiedlichen Regierungsbezirken aktiv sind und aus unterschiedlichen Herkunftsländern stammen. So konnten acht Personen für ein Interview gewonnen werden, drei davon aus IHKn, zwei aus HWKn und drei waren Angehörige der Freien Berufe.[13]

---

13 Zunächst wurde nach einem strukturierten Zufallsprinzip vorgegangen: Hierzu wurden 15 Klein- und Großstädte, verteilt auf die fünf Regierungsbezirke des Landes, ausgewählt. Anschließend wurde in den Handelsregistern nach Firmen gesucht, die oder deren Inhaber*innen Namen haben, die auf ausländische Wurzeln hinweisen. Mit dieser Methode wurden 77 Unternehmen und ihre Inhaber*innen bzw. Geschäftsführer*innen identifiziert, die per Post, 58 davon zusätzlich per E-Mail, angeschrieben wurden. Nur eine Person konnte auf diese Weise für ein Interview gewonnen werden.

Die Interviews basierten auf drei zielgruppenspezifischen Interviewleitfäden, die mit Blick auf die Unternehmer*innen Voraussetzungen und Erfahrungen bezüglich des Engagements in den Kammergremien thematisierten, bezüglich der Vertreter der Kammern die Partizipation von Migrant*innen in diesen Gremien und Einstellungen zu bzw. Erfahrungen mit Aspekten der interkulturellen Öffnung.[14] Die Interviewleitfäden basierten auf aus der Literatur und Vorarbeiten zur Studie abgeleiteten allgemeinen Partizipationsdefiziten und ihren möglichen Ursachen sowie dem Verständnis interkultureller Öffnung als Organisations-, Dienstleistungs- und Managementaufgabe (siehe dazu ausführlich unten), was durch die Interviewpartner*innen konkretisiert wurde.

Die Interviews dauerten zwischen 10 und 65 Minuten. Die Gespräche wurden aufgezeichnet und anschließend transkribiert. Erwartungsgemäß waren die Interviews mit den nicht engagierten Kammermitgliedern eher kurz. Die Auswertung der Interviews erfolgte anonym und orientierte sich am Verfahren der strukturierenden qualitativen Inhaltsanalyse.[15] Aus den im Leitfaden formulierten Fragestellungen wurden deduktiv zunächst Hauptkategorien für die Auswertung abgeleitet, danach wurden aus den Aussagen der Expert*innen innerhalb der Hauptkategorien induktiv Unterkategorien gebildet, die unterschiedliche Ausprägungen in Bezug auf die Fragestellung repräsentieren. In einem ersten Durchgang wurden die Hauptcodes zugewiesen. In einem zweiten Schritt das Codierschema bzw. die Unterkategorien erarbeitet und schließlich die endgültigen Codierungen vorgenommen. Es kam ein EDV-gestütztes Analysetool zum Einsatz (MaxQDA).

Am 14. Februar 2024 wurden zentrale Ergebnisse und Empfehlungen der Studie Vertreter*innen von Kammern sowie Unternehmer*innen mit Einwanderungsgeschichte im ZfTI vorgestellt und diskutiert. Diese Diskussion ist in den vorliegenden Text eingeflossen, indem sie als Interpretationshilfe diente und bei der Gewichtung und Formulierung von Empfehlungen berücksichtigt wurde.

---

14 Siehe die Interviewleitfäden im Anhang.

15 Kuckartz, U. (2018). Qualitative Inhaltsanalyse. Methoden, Praxis, Computerunterstützung. Weinheim: Beltz Juventa.

Die vorliegende Darstellung ist in drei Hauptkapitel unterteilt. Das erste Kapitel widmet sich den Kammerstrukturen und analysiert die rechtlichen und strukturellen Rahmenbedingungen für die Partizipation von migrantischen Unternehmer*innen. Im Zuge dessen werden potenzielle institutionelle Barrieren identifiziert. Im zweiten Kapitel werden die individuellen Voraussetzungen der migrantischen Unternehmer*innen in NRW beleuchtet, um mögliche Gründe für ihre geringe Beteiligung aufzuzeigen. Abschließend präsentiert das dritte Kapitel Lösungsvorschläge, um die zentrale Forschungsfrage zu beantworten: Wie kann die Beteiligung migrantischer Unternehmer*innen in den Kammergremien verbessert werden? In diesem Kapitel werden unter anderem Lösungsvorschläge der Interviewpartner*innen vorgestellt.

II Institutionelle Perspektive auf die Einbindung von Migrant*innen in die Kammergremien

Die berufsständischen Körperschaften entlasten den Staat als Selbstverwaltungsorgane der Wirtschaft. Als Körperschaften des öffentlichen Rechts übernehmen sie wichtige öffentliche Aufgaben, insbesondere im Bereich der Aus- und Weiterbildung.

Grundsätzlich sind die kommunale und die funktionale Selbstverwaltung zu unterscheiden. Die kommunalen Selbstverwaltungen sind räumlich definiert und erbringen ihre Dienstleistungen für alle Einwohner*innen. Die funktionalen Selbstverwaltungen sind aufgabenbezogen bestimmt und dienen nur ihren Mitgliedern oder bestimmten Zielgruppen. Als funktionale Selbstverwaltungen sind die Kammern den Hochschulen, öffentlich-rechtlichen Rundfunkanstalten oder Sozialversicherungsträgern ähnlich.[16]

Anders als andere funktionale Verwaltungen, die zur Erfüllung einer bestimmten Aufgabe eingerichtet wurden, haben Berufskammern auch die Aufgabe der *Interessenvertretung*. Vor diesem Hintergrund werden die IHK-Vollversammlungen auch durch die IHKn selbst mitunter als „Parlamente der Wirtschaft" bezeichnet. Die Wahrnehmung der Gesamtinteressen der Gewerbetreibenden steht an erster Stelle derjenigen Aufgaben, die im „Gesetz zur vorläufigen Regelung des Rechts der Industrie- und Handelskammern" (§ 1 Abs. 1 IHKG) festgelegt sind, das die Rechtsgrundlage für die IHKn ist. Auch das Gesetz zur Ordnung des Handwerks (HandwO) nennt die Vertretung der Interessen

16 Zur funktionalen Selbstverwaltung der Wirtschaft siehe Kluth, W. (2019). Öffentliches Wirtschaftsrecht – Grundrisse des Rechts. München: C.H. Beck-Verlag, S. 164-166.

des Handwerks als primäre Aufgabe der Handwerkskammern.[17] Daher ist die Repräsentation von Migrant*innen in den berufsständischen Körperschaften ein wichtiger Baustein der politischen Partizipation, wurde aber, wie schon skizziert, von der Integrationspolitik und -forschung bisher vernachlässigt, ganz im Gegenteil etwa zur Partizipation auf kommunaler Ebene. IHKn und HWKn werden im Folgenden auch als „Wirtschaftskammern“ bezeichnet.

Die Befunde der vorliegenden Studie ergeben deutlichen Bedarf an einer besseren Beteiligung von Migrant*innen in den Kammerstrukturen. Nahezu alle interviewten Personen sehen dies so, mit Ausnahme einiger Unternehmer*innen ohne Partizipationserfahrung in den Kammern. Eine dieser Ansprechpersonen teilte z.B. mit, dass sie vor dem Interview nicht wusste, dass Partizipationsmöglichkeiten grundsätzlich bestehen (NEU-KS-13). Eine andere Person sagte, dass sie nicht „hinter die Kulissen“ geschaut habe, um sich darüber ein Urteil bilden zu können (NEU-KS-12).

Die migrantischen Unternehmer*innen, die bereits in den Kammern engagiert sind, sind sich einig: Es besteht ein Teilhabedefizit von Migrant*innen (und damit zusammenhängend Klein- und Kleinstbetrieben) und Verbesserungsbedarf in dieser Hinsicht. Die Verwendung von Ausdrücken wie „enorm“ (EU-KS-03), „überhaupt nicht“ (EU-KS-04), „definitiv nicht“ und „extrem stark“ (EU-KS-08) u.Ä. bei der Beantwortung dieser Frage verdeutlicht die Stärke dieses Eindrucks bei den Interviewpartner*innen.

In vielen Gesprächen mit migrantischen Unternehmer*innen wurde deutlich, dass sie als Klein- und Kleinstbetriebe ihre Interessen durch die Kammern nicht adäquat vertreten sehen. Im Folgenden werden zwei exemplarische Aussagen dazu wiedergegeben:

17 In den Kammern der Freien Berufe liegt der Fokus vorwiegend auf der Selbstregulierung des Berufs. Die Interessenvertretung spielt hier eine eher untergeordnete Rolle.

> *Wenn mehr kleine Firmen in die Kammer kommen, dann kann man sehen, welche sind unsere Probleme, welche Fragen, welche Hilfe, und ich glaube, dann wird mehr Hilfe kommen.* (NEU-KS-17)

> *Wenn die Migranten nicht aktiv mit dabei sind, sind auch deren Themen nicht am Tisch. Man muss die Themen ja dahin tragen. Ich glaube nicht, dass einige da sitzen und warten, vielleicht fliegt mir etwas zu, das Thema der Migranten. Das kann ja keiner wissen, wenn man nicht darüber spricht. Dafür muss man eigentlich aktiv dabei sein.* (EU-KS-06)

Auch unter den Kammervertretern ist der Eindruck weit verbreitet, dass die Beteiligung von Migrant*innen gering ist. Allerdings bestehen unterschiedliche Auffassungen hinsichtlich des Bedarfs und der Dringlichkeit von Verbesserungen. Unterschiede zwischen den Standpunkten der Kammervertreter sind nicht immer klar konturiert, jedoch lassen sich grob zwei Positionen identifizieren: Die erste Gruppe erkennt zwar den Bedarf nach mehr Partizipation von Migrant*innen und verwendet Umschreibungen wie „ausbaufähig" (KV-KS-14), „gering repräsentiert in quantitativer Hinsicht" (KV-KS-16) und „Interesse an [Mitwirkung von Migrant*innen]" (KV-KS-18), zweifelt jedoch an der Bedeutung von mehr Vielfalt für die effektive und praktische Arbeit der Kammergremien. Die andere Gruppe betont hingegen, ähnlich wie die engagierten migrantischen Unternehmer*innen, die Bedeutung des Themas.

II.I Strukturelle Hindernisse der Partizipation von Migrant*innen

Einige institutionelle Hürden haben strukturellen Charakter, indem sie aus dem formalen Aufbau der Kammern resultieren. Andere Hürden wiederum folgen aus Wahrnehmungen von Akteur*innen außerhalb und innerhalb der Organisationen und spezifischen Netzwerke. Mit Blick auf die strukturellen Ursachen betrachten wir im Folgenden zunächst die Kammersatzungen und Wahlordnungen und erörtern unter Bezug auf die Aussagen der Interviewpartner*innen die Möglichkeiten und Grenzen der Partizipation von Migrant*innen unter den gegebenen Bedingungen.[18] Anschließend betrachten wir die Kammernetzwerke und ihre Tradition und widmen uns der Frage von Wahrnehmungen.

Tabelle 2: Die Gründungsgesetze der in NRW ansässigen Kammern

Kammertyp	Gründungsgesetz(e)	Grundlage
Industrie- und Handelskammern	Gesetz zur vorläufigen Regelung des Rechts der Industrie- und Handelskammern (IHKG) Gesetz über die Industrie- und Handelskammern im Lande Nordrhein-Westfalen (IHKG)	bundesrechtlich landesrechtlich (Landesaufsicht)
Handwerkskammern	Gesetz zur Ordnung des Handwerks (Handwerksordnung – HwO)	bundesrechtlich Landesaufsicht nach § 90 Abs. 5 HwO

18 Dies ermöglichte einen weitgehend konsistenten Vergleich der Partizipationsbedingungen in den obersten Kammergremien, allerdings sind Verfahren, je nach Kammertyp variierend, nicht ausschließlich in Satzungen und Wahlordnungen geregelt. In der Folge konnten Informationen zu Ladungsfristen und öffentlichen Sitzungen nicht durchgängig erhoben werden.

Kammertyp	Gründungsgesetz(e)	Grundlage
Baukammern	Gesetz über die Architektenkammer Nordrhein-Westfalen und die Ingenieurkammer-Bau Nordrhein-Westfalen (Baukammerngesetz – BauKaG NRW)	landesrechtlich
Rechtanwaltskammern	Bundesrechtsanwaltsordnung (BRAO)	bundesrechtlich
Steuerberaterkammern	Steuerberatungsgesetz (StBerG)	bundesrechtlich
Kammern der Heilberufe • Tierärztekammer • Apothekerkammer • Ärztekammer • Zahnärztekammer • Psychotherapeuten-kammer • Pflegekammer	Heilberufsgesetz (HeilBerG)	landesrechtlich

II.I.I Kammerstrukturen in Deutschland im internationalen Vergleich

Die drei gemeinsamen Merkmale der Kammern in Deutschland (die Wahrnehmung von staatlichen Aufgaben, Pflichtmitgliedschaft und häufig Interessenvertretung) bieten sich als Bezugsrahmen an, um Kammersysteme international zu vergleichen. Eine weitere Unterscheidungsdimension ergibt sich auch aus der Frage, inwiefern die Aufgaben und Funktionen von „Berufsverbänden“ gesetzlich oder durch die Mitglieder festgelegt werden. Unter Berücksichtigung dieser Merkmale ergeben sich empirisch zwei Haupttypen:

Der erste Typ umfasst Einrichtungen, deren Aufgaben gesetzlich festgelegt sind. Dabei kann es sich um staatliche Institutionen oder um funktionale Selbstverwaltungen handeln. Oft besteht in diesen Fällen eine Verpflichtung zur Mitgliedschaft oder Registrierung (Deutschland,

Frankreich, Luxemburg, Italien, Kroatien, Österreich, Griechenland, Niederlande, Spanien und Ungarn). Im Gegensatz dazu ist in Estland, Lettland, Litauen, Polen, Portugal, Rumänien, Schweden, der Slowakei, Slowenien, Tschechien und Zypern die Mitgliedschaft in den gesetzlich verankerten Kammern freiwillig.[19]

Der zweite Typ umfasst Organisationen, die auf rein zivilrechtlicher Grundlage gegründet wurden. In einigen EU-Ländern wie Belgien, Bulgarien, Dänemark, Irland und Malta ist dieses Modell mit freiwilliger Mitgliedschaft verbreitet.[20] Auch in den USA, Kanada und dem Vereinigten Königreich bestehen Berufsverbände auf dieser Basis. Diese Verbände haben in erster Linie die Aufgabe, die Interessen ihrer Mitglieder zu vertreten. Die regulierenden Funktionen hingegen werden von staatlichen Einrichtungen wahrgenommen. Anders als die auf Gesetzesgrundlage errichteten Kammern erheben solche Vereinigungen keinen Anspruch darauf, im Namen aller Akteure in einer Region oder eines Berufs zu sprechen. Sie setzen sich vielmehr spezifische Ziele und verfolgen diese im Interesse ihrer Mitglieder. Ihre Aktivitäten finanzieren sie durch freiwillige Mitgliedsbeiträge, Spenden, Teilnahme- und Nutzungsgebühren usw.[21]

---

19 Sack, D. (2017). Institutioneller Wandel europäischer Chambers of Commerce im Vergleich – Fazit. In: Sack, D. (Hrsg.): Wirtschaftskammern im europäischen Vergleich. Wiesbaden: Springer VS, S. 410-411.

20 Ebd.

21 Bennett, R. J. (2017). Stabilität und Wandel der britischen Industrie- und Handelskammern. In: Sack, D. (Hrsg.): Wirtschaftskammern im europäischen Vergleich. Wiesbaden: Springer VS, S. 55-86, sowie T.C. Cumhurbaşkanliği Devlet Denetleme Kurulu [Staatsprüfungsamt der Republik Türkei]. (2009). Kamu Kurumu Niteliğindeki Meslek Kuruluşlarının Teşkilat ve Mali Yapıları, Denetimleri, Organlarının Seçimlerine Dair Esasların Değerlendirilmesi ile Bunların Etkin ve Verimli Şekilde Hizmet Yürütmelerinin ve Geliştirilmesinin Sağlanması Amacıyla Alınması Gereken Tedbirler [Organisatorische und finanzielle Struktur von berufsständischen Körperschaften: Analyse der Wahlmethoden ihrer Organe und Maßnahmen zur Verbesserung der effizienten Umsetzung und Entwicklung ihrer Dienstleistungen]. Ankara: Devlet Denetleme Kurulu, S. 97-154.

In Ländern, in denen die Kammern keinen funktionalen Selbstverwaltungsstatus besitzen, wird die Regulierung des wirtschaftlichen Lebens durch Behörden vorgenommen. Die demokratische Mitbestimmung erfolgt dann über das politische System (oder auch nicht). Daher stellt sich bei den Organisationen der zweiten Gruppe die Frage nach der Partizipation von Migrant*innen weniger drängend. Spezifische Kammern wie der „National Minority Business Council“[22], die „National Black Chamber of Commerce“[23], die „US Hispanic Chamber of Commerce“[24], die „Asian American Chamber of Commerce“[25] oder die „National Gay & Lesbian Chamber of Commerce“[26] bringen Angehörige von Minderheiten in den USA zusammen und vertreten ihre wirtschaftlichen Interessen.[27]

22 https://www.nmbc.org/, zuletzt aufgerufen am 30.05.2023

23 https://www.nationalbcc.org, zuletzt aufgerufen am 30.05.2023

24 https://www.ushcc.com, zuletzt aufgerufen am 30.05.2023

25 https://asian-americanchamber.org, zuletzt aufgerufen am 30.05.2023

26 https://nglcc.org, zuletzt aufgerufen am 30.05.2023

27 Eine Studie, die sich mit der Konstruktion von *race* als identitätsstiftendem und wirtschaftlichem Faktor in einer von asiatischen und weißen Mitgliedern dominierten Handelskammer in Texas befasst, legt nahe, dass ethnische Identität und berufliches Selbstverständnis eng miteinander verknüpft sind, wobei „weiße“ Identität weniger explizit konstruiert wird als „asiatische“, sich aber dessen ungeachtet als implizite Norm etabliert. Ethnische Kammern reproduzieren Ungleichheit durch expliziten Bezug auf *race* (vergleichbar mit dem Argument des *bonding social capital*), „weiße“ Kammern dadurch, dass strukturelle Ungleichheit ignoriert wird. Normen werden in der Kommunikation innerhalb der Organisation implizit konstruiert. Auch wenn es sich um Fallstudien aus den USA handelt, sind die Mechanismen in der „weißen“ Kammer potenziell auch für die Situation in Deutschland relevant. Hier wird deutlich, wie „Normalität“ konstruiert und Offenheit der Organisation unhinterfragt unterstellt werden kann. Shrikant, N. (2015). The Discursive Construction of Race as a Professional Identity Category in Two Texas Chambers of Commerce. In: International Journal of Business Communication Nr. 55 (1), S. 94-111. In den USA besteht ein Wettbewerbsvorteil der ethnischen Kammern aufgrund besonderer zielgruppenspezifischer Fördermöglichkeiten, der sich

Auch im Vereinigten Königreich gibt es wirtschaftliche Vereinigungen von Minderheiten wie die „China Chamber of Commerce in the UK"[28] oder das „Irish International Business Network"[29], die die Interessen bestimmter Gruppen vertreten. Ein alternatives Modell für die Einbindung spezifischer Gruppen bietet die Londoner Industrie- und Handelskammer, indem sie spezielle „Associations" oder „Clubs" bildet, wobei dann die „Asian Business Association", die „Black Business Association" und die „Women in Business" unter dem Dach der Londoner Kammer zusammenkommen.[30] In diesem Zusammenhang ist anzumerken, dass die Kammern in Großbritannien bei der zuständigen Behörde beim „Companies House" registriert werden müssen. Für die Verwendung von Begriffen wie „Chamber", „Association" oder „Institute" ist im Vereinigten Königreich eine ministerielle Genehmigung erforderlich, die in Absprache mit der British Chamber of Commerce erteilt wird.[31]

Die europaweit ländervergleichende Analyse von Detlef Sack zum institutionellen Wandel der europäischen Handelskammern zeigt, dass viele Kammern in den letzten Jahren deutliche Veränderungen erfahren haben. So wurden beispielsweise die Pflichtmitgliedschaft abgeschafft

---

in einem positiven statistischen Zusammenhang zwischen Gruppenidentifikation und ethnischer Kammerzugehörigkeit zeigt. Das Gefühl, akzeptiert zu werden und der Austausch auf Augenhöhe sind Motive, in nicht ethnischen Kammern Mitglied zu werden; eine starke persönliche Vernetzung innerhalb der Kammern wirkt präventiv gegenüber „Abwanderung" in Latino-Kammern. Aufgrund der Wettbewerbssituation in den USA sind die Befunde nur bedingt auf Deutschland beziehbar, allerdings liegt nahe, dass die Entscheidung ethnische vs. nicht ethnische Kammer und die Entscheidungsbedingungen auf die Frage von Engagement oder Nichtengagement in deutschen Kammern übertragbar sind. Akzeptanz und Öffnung fördern das Engagement. Ramirez, E. (2022): Latino Entrepreneur Chamber of Commerce Membership. Dissertation Submitted to School of Business and Management at California Southern University.

28 https://www.chinachamber.org.uk/, zuletzt aufgerufen am 30.05.2023

29 https://iibn.com/, zuletzt aufgerufen am 30.05.2023

30 https://www.londonchamber.co.uk/business-groups/clubs-and-associations/, zuletzt aufgerufen am 30.05.2023

31 T.C. Cumhurbaşkanliği Devlet Denetleme Kurulu. (2009), S. 143.

und die Finanzierung umstrukturiert, um gestiegenem gesellschaftlichem Legitimationsdruck zu begegnen.[32]

Entsprechende Diskussionen gibt es auch in Deutschland,[33] so um die Pflichtmitgliedschaft besonders bezogen auf die Industrie- und Handelskammern.[34] Das Bundesverfassungsgericht hat zuletzt durch mehrere Beschlüsse die Legitimation der Kammern gestärkt und 2017 die Rechtmäßigkeit der Pflichtmitgliedschaft bestätigt, aber gleichzeitig betont, dass die Kammern die Pluralität der Interessen ihrer Mitglieder abbilden müssen. Die Entscheidung hat somit den Veränderungsdruck verringert, aber zugleich auf die Notwendigkeit der angemessenen Repräsentation der Interessenpluralität der Mitglieder hingewiesen.[35] Vor diesem Hintergrund erfolgt im folgenden Abschnitt ein Vergleich der Mitgliedschaftsstrukturen der Kammern sowie eine Analyse der Zusammensetzung ihrer Vollversammlungen bzw. zentralen Entscheidungsorgane. Im Zuge dessen werden erste Schlussfolgerungen über Möglichkeiten zur Einbindung von Minderheiten in die Kammergremien gezogen.

II.I.II Mitgliederstrukturen der Kammern in NRW

Die berufsständischen Körperschaften sind zu unterschiedlich, um ohne Weiteres allgemeine Schlussfolgerungen zu ziehen, die für alle Kammertypen gleichermaßen gelten. Insbesondere die Mitgliedschaftsstrukturen sind hier von Bedeutung. Es ist sinnvoll, sich vor der näheren Betrachtung der zentralen demokratischen Entscheidungsorgane in den jeweiligen Kammertypen diese Unterschiede zu vergegenwärtigen.

---

32 Sack, D. (2017).

33 Van Elten, K. (2018), S. 2.

34 Silvia, S. J. (2017). Mitgliederentwicklung und Organisationsstärke der Unternehmerverbände. In: Schroeder, W., Weßels, B. (Hrsg.): Handbuch Arbeitgeber- und Wirtschaftsverbände in Deutschland. Wiesbaden: Springer VS, S. 249-266.

35 BVerfG, 1 BvR 2222/12 vom 12. Juli 2017.

Erstens unterscheiden sich die berufsständischen Körperschaften in Bezug auf die berufliche Zusammensetzung ihrer Mitglieder. Während die IHKn und HWKn eher eine heterogene Mitgliedschaft haben, sind die Kammern der Freien Berufe diesbezüglich eher homogen.

Zweitens gibt es Unterschiede hinsichtlich der Einbindung von juristischen vs. natürlichen Personen. Bei den IHKn (§ 2 IHKG) und HWKn (§ 90 Abs. 2 HwO) werden sowohl juristische Personen (Firmen) als auch natürliche Personen als Mitglieder aufgenommen. In den Kammern der Freien Berufe gibt es hingegen kein einheitliches Modell. So werden in den Steuerberaterkammern neben den Steuerberater*innen auch die anerkannten Berufsausübungsgesellschaften (§ 74 StBerG) als Mitglieder akzeptiert, während in die Kammern der Heilberufe ausschließlich natürliche Personen (§ 2 HeilBerG) aufgenommen werden. Hierbei ist die Mitgliedschaft nicht an eine aktive Ausübung des Berufs gebunden, und sie endet auch nicht mit der Pensionierung/Verrentung. Bei den meisten Kammertypen hängt die Mitgliedschaft jedoch von der aktiven Berufsausübung ab.

Eine weitere Unterscheidung folgt aus dem Erwerbsstatus der Mitglieder. Während in den IHKn Arbeitnehmer*innen nicht als Mitglieder aufgenommen werden, schließen die Handwerkskammern neben den Inhaber*innen der Handwerksbetriebe auch Gesell*innen, andere Arbeitnehmer*innen mit einer abgeschlossenen Berufsausbildung und Lehrlinge dieser Betriebe als Mitglieder ein. Ein Drittel der Vollversammlungen der HWKn wird von Gesell*innen und Arbeitnehmer*innen mit abgeschlossener Berufsausbildung (§ 90 Abs. 2 HwO) besetzt. In den Kammern der Freien Berufe hingegen ist die Mitgliedschaft unabhängig vom Erwerbsstatus. Ausschlaggebend ist hier eine gültige Berufsausübungserlaubnis in Deutschland.

Und schließlich unterscheiden sich die Kammern in Bezug auf ihre Aufnahmemodalitäten: Gewerbetreibende sind grundsätzlich Mitglieder der IHKn, es sei denn, es besteht die Pflicht zur Mitgliedschaft in einer anderen Kammer. Kleingewerbetreibende mit geringem Umsatz sind von dieser Pflicht befreit. Kapitalgesellschaften müssen, unabhängig von ihrer Tätigkeit, grundsätzlich Mitglied der IHK werden. Handwerksbetriebe müssen für den „nichthandwerklichen Betriebsteil“ in die IHK (§ 2 Abs. 3 IHKG). In der Praxis kann es auch zu Doppelpflichtmitgliedschaften kommen, z.B. im Fall der Steuerberatungsgesellschaften.[36] Hieraus folgt, dass die Anzahl der Selbständigen und die der Kammermitglieder nicht übereinstimmen. Nach Angaben der IHK NRW sind 1.111.231 Unternehmen in den 16 hiesigen IHKn organisiert.[37] Die Anzahl der Mitgliedsunternehmen der sieben Handwerkskammern in NRW liegt laut Westdeutschem Handwerkskammertag (WHKT) bei 197.080.[38] Es ist zu berücksichtigen, dass eine Person mehrere Unternehmen besitzen kann. In den Kammern der Freien Berufe müssen Selbständige nicht unbedingt in der Mehrheit sein. Zum Beispiel sind ein Fünftel (13.420) der Mitglieder der Ärztekammer Nordrhein (68.251) niedergelassene Ärzt*innen. Die übrigen Mitglieder sind in ambulanten Diensten (6.917 ohne niedergelassene Ärzt*innen), stationären Diensten (27.631), Behörden (1.384) oder an anderen Stellen (3.329) tätig. Zusätzlich üben 15.570 Mitglieder keine ärztliche Tätigkeit aus.[39]

Für die folgende Betrachtung wurden die Bundes- und Landesgesetze[40] zur Gründung der jeweiligen Kammern, ihre Satzungen und Wahlordnungen herangezogen. Es ist anzumerken, dass diese Dokumente keine einheitliche Struktur aufweisen und nicht immer vergleichbare Regelungen enthalten.

Vollversammlungen von IHKn

Gemäß dem Gesetz zur vorläufigen Regelung des Rechts der Industrie- und Handelskammern (IHKG) sind die Vollversammlungen die höchs-

36 BVerwG, 6 B 60/04 vom 21.10.2004.

37 https://www.ihk-nrw.de/hauptnavigation/ueber-ihk-nrw, zuletzt aufgerufen am 29.05.2023

38 https://www.whkt.de/statistik, zuletzt aufgerufen am 29.05.2023

39 Statistik der Bundesärztekammer über Ärztinnen/Ärzte nach Gebietsbezeichnungen und Tätigkeitsarten, unter https://www.aekno.de/fileadmin/user_upload/aekno/downloads/2023/statistik-baek-nordrhein-2022.pdf, zuletzt aufgerufen am 26.05.2023.

40 Tabelle 2 gibt einen Überblick darüber, auf welcher politischen Ebene (Bund oder Land) das Gründungsgesetz für die jeweilige Kammer erlassen wurde.

ten beschlussfassenden Gremien der IHKn. Die Vollversammlungen entscheiden über alle Angelegenheiten, für die keine anderweitige Regelung besteht (§ 4 IHKG). In diesem Rahmen sind sie u.a. befugt, Satzungen sowie Wahl-, Beitrags-, Sonderbeitrags- und Gebührenordnungen zu beschließen, über Haushalts- und Finanzpläne zu entscheiden, Strategien zu bestimmen, den Kammervorstand zu wählen und den/die Hauptgeschäftsführer*in zu bestellen.

Der Gesetzgeber hat den IHKn Spielraum bei der Ausgestaltung ihrer Vollversammlungen gegeben, indem er die Bestimmungen über die Ausübung des aktiven und passiven Wahlrechts, die Amtszeit, die Aufteilung der Wahlgruppen und die Anzahl der Sitze den Wahlordnungen überlässt, wobei bei der Bildung der Wahlgruppen gesetzlich vorgeschriebene Kriterien berücksichtigt werden müssen, nämlich die wirtschaftlichen Besonderheiten des Kammerbezirks und die gesamtwirtschaftliche Bedeutung der jeweiligen Gewerbegruppen (§ 5 IHKG). Daher werden hier die Satzungen und Wahlordnungen der IHKn in NRW einzeln analysiert:[41]

Die Wahlperiode der Vollversammlungen der IHKn in NRW beträgt in der Regel fünf Jahre. Ausnahmen bilden die IHK Nordwestfalen und die SIHK in Hagen, deren Vollversammlungen für einen Zeitraum von sechs Jahren gewählt werden, sowie die IHK Bielefeld, die IHK Siegen und die IHK Wuppertal, bei denen die Wahlperiode vier Jahre beträgt. Die Wahlen erfolgen nicht in Präsenz, sondern in schriftlicher (Briefwahl) oder elektronischer Form. In sieben Kammern werden ausschließlich schriftliche Wahlen abgehalten, während in acht weiteren Kammern die Wahlen sowohl in elektronischer als auch in schriftlicher Form stattfinden. In einer Kammer (IHK Detmold) werden die Wahlen zwar schriftlich abgehalten, jedoch ist die Vollversammlung befugt, über elektronische Wahlen zu entscheiden.

Die Mitgliederzahl der Vollversammlungen variiert zwischen 43 und maximal 97 Personen. Dabei handelt es sich um Maximalzahlen, die auch durch Kooptation hinzugezogene Personen einschließen, d.h. indirekt gewählte Mitglieder, wobei diese aber Wahlgruppen zugeord-

41 Die in dieser Studie untersuchten Satzungen und Wahlordnungen sind im Literatur- und Quellenverzeichnis aufgeführt.

net sein müssen. Die Anzahl der kooptierten Mitglieder variiert je nach Kammerbezirk und liegt bei maximal 15 Personen.

In der Praxis werden zur Bestimmung der Wahlgruppen die Anzahl der Betriebe, die Anzahl der Beschäftigten sowie die Gewerbeerträge in den jeweiligen Branchen herangezogen. In 13 Kammern gibt es darüber hinaus Wahlbezirke, nach denen sich die Verteilung der Wahlgruppensitze richtet. Allerdings gilt für einige Wahlgruppen der gesamte Kammerbezirk als Wahlbezirk. In den Wahlordnungen der IHK Bonn, IHK Detmold und IHK Krefeld sind keine Wahlbezirke vorgesehen.

In den Wahlordnungen der IHKn werden die Kriterien zur Bestimmung der Wahlgruppen und -bezirke beschrieben, jedoch fehlt eine ausführliche Darstellung der Entstehung der Wahlgruppen in den öffentlich zugänglichen Dokumenten der Kammern. Ausnahmen sind die IHK Köln und die IHK Siegen. Die IHK Köln erwähnt die Gewichtung verschiedener Faktoren bei der Bildung der Wahlgruppen, während die IHK Siegen die Wirtschaftszweigklassifizierung (WZ 2008) des Statistischen Bundesamtes als Basis für die Bildung ihrer Wahlbezirke und -gruppen angibt.[42]

Ein*e Interviewpartner*in, engagiert in einer Kammer, kritisiert eine intransparente Bestimmung der Wahlgruppen. Dieser Meinung nach gibt es zu viele Wahlgruppen, die sich nach Branchen aufteilen, wobei in einigen Gruppen nur eine Handvoll Personen zur Wahl stünden und in manchen Bereichen sogar nur ein*e Kandidat*in vorhanden sei – oft eine leitende Person in der IHK. Im Gegensatz dazu gebe es in anderen Bereichen – wie dem, in dem der/die Befragte selbst kandidiert – eine große Anzahl von Unternehmer*innen, von denen dann nur drei oder vier in die Versammlung einziehen können (EU-KS-20). Auch in der wissenschaftlichen Literatur wird auf die Problematik hingewiesen, dass die Einteilung bereits eine gewisse politische Qualität haben kann, durch Nutzung des Ermessensspielraums bei dem Zuschnitt der Wahlgruppen.[43]

42 § 7, Abs. 2 der Wahlordnung der IHK Siegen.

43 Van Elten, K. (2018), S. 86.

Die Bildung von Wahlgruppen nach Branchen bewirkt strukturell eine Unterrepräsentation von Migrant*innen, sowohl in den IHKn als auch in den HWKn, bei denen die Wahl ebenfalls nach Branchenzugehörigkeit erfolgt. Folgende Äußerung eines Kammervertreters macht diese Problematik deutlich:

> *Ziel dieser Einteilung ist es, eine spiegelbildliche Zusammensetzung der Vollversammlung nach der Branchen- und Betriebsgrößenstruktur des IHK-Bezirks zu erreichen. Und da sehen Sie die Differenzierung. Da sehen Sie, welche Branchen müssen aufgrund der wirtschaftlichen Bedeutung der Gewerbegruppe in der IHK berücksichtigt werden.* (KV-KS-18)

Da migrantische Unternehmer*innen in bestimmten Branchen überrepräsentiert sind, sind ihre Wahlchancen tendenziell begrenzt, da sie nur in wenigen Wahlgruppen vertreten sein können.

Die Analyse des Instituts für Mittelstandsforschung (ifm) in Mannheim, basierend auf Daten des Statistischen Bundesamtes von 2017, zeigt sowohl Unterschiede in der sektoralen Verteilung zwischen migrantischen und nicht migrantischen Unternehmer*innen als auch erhebliche Unterschiede in der sektoralen Verteilung zwischen verschiedenen Migrant*innengruppen. Zum Beispiel sind 22 Prozent der Unternehmer*innen aus Anwerbeländern der „Gastarbeitermigration" im Gastgewerbe tätig, während der Anteil bei Unternehmer*innen aus Osteuropa und Mittelosteuropa nur bei 3 Prozent liegt. Im Gegensatz dazu ist die Aktivitätsrate im Baugewerbe unter den aus Osteuropa und Mittelosteuropa stammenden Personen mit 26 Prozent so hoch wie in keiner anderen Gruppe, und unter den Migrant*innen aus industrialisierten westlichen Ländern liegt der Anteil der wissensintensiven Dienstleistungen bei 45 Prozent, deutlich höher als bei den nicht migrantischen Deutschen (36 Prozent).[44]

---

44 Leicht, R., Philipp, R., Woywode, M. (2021). Migrantische Ökonomie: Berufliche Selbständigkeit und Unternehmen von Migrantinnen und Migranten in Deutschland. Expertise für die Beauftragte der Bundesregierung für Migration, Flüchtlinge und Integration. Mannheim: Universität Mannheim, Institut für Mittelstandsforschung (ifm), S. 13.

Eine aktuelle Auswertung des Mikrozensus bestätigt ebenfalls den Unterschied in der Branchenverteilung zwischen migrantischen und nicht migrantischen Selbständigen. Laut dieser Studie der Bertelsmann Stiftung ist mehr als ein Viertel der migrantischen Unternehmer*innen in Handel und Gastgewerbe tätig,[45] während der Anteil unter nicht migrantischen Unternehmer*innen knapp über 15 Prozent liegt.[46]

Die Tendenz zur Konzentration migrantischer Unternehmer*innen in bestimmten Branchen scheint sich auch kurz- und mittelfristig durch Gründung neuer Unternehmen nicht signifikant zu ändern. Im Jahr 2018 war in NRW ein Drittel der von ausländischen Staatsbürger*innen gegründeten Unternehmen in Handel und Gastgewerbe angesiedelt, ein weiteres Drittel im Baugewerbe. Etwa 70 Prozent der Gründungen im Baugewerbe und fast die Hälfte der Gründungen im Gastgewerbe wurden von ausländischen Staatsbürger*innen getätigt.[47]

In die Vollversammlungen können entweder natürliche Personen oder rechtliche Vertreter*innen von Unternehmen, die der IHK angehören, gewählt werden. Eine Person kann nur in einer Wahlgruppe kandidieren (sofern mehrere Gruppen in Frage kämen). In elf IHKn besteht die Möglichkeit, einen Wahlvorschlag ohne zusätzliche Unterstützung einzureichen, einschließlich der Option eines Selbstvorschlags. In einigen anderen Kammern hingegen müssen die Wahlvorschläge von mindestens drei (IHK Köln) oder fünf (IHK Detmold, IHK Münster, IHK Duisburg, IHK Hagen) Wahlberechtigten der jeweiligen Wahlgruppe und gegebenenfalls des dazugehörigen Wahlbezirks unterzeichnet werden. Zudem haben Kandidat*innen in der IHK Münster die Möglichkeit, von den Regionalausschüssen nominiert zu werden. An dieser Stelle deutet sich eine wichtige Zugangshürde an, die auch bei anderen Kammertypen von Bedeutung sein kann; diese besteht bei Unternehmer*innen mit Einwanderungsgeschichte in tendenziell geringerem Sozialkapital, in schwächer ausgeprägten Beziehungen und Netzwerken, die bei „Einheimischen“ über Generationen hinweg aufgebaut werden

45 Kay, R., Nielen, S. (2020), S. 34.
46 Sachs, A. (2020), S. 25.
47 Ebd., S. 36.

können, bei kürzerer Tätigkeit, Berufs- oder Unternehmenstradition aber häufig fehlen.

Die meisten Vollversammlungen kommen mindestens zweimal im Jahr zu regulären Sitzungen zusammen. Bei den IHKn Bonn, Detmold und Hagen werden mindestens drei reguläre Vollversammlungssitzungen abgehalten. Die Satzung der IHK Siegen gibt hingegen keine Mindestanzahl von Sitzungen vor. Die Einladungen zu den Sitzungen erfolgen durch den Präsidenten bzw. die Präsidentin mit Mitteilung der Tagesordnung. In der Regel ist eine Einladungsfrist von mindestens einer Woche vor der Sitzung einzuhalten, dies gilt für die Mehrheit der zwölf IHKn. Es bestehen jedoch abweichende Einladungsfristen in den IHKn Aachen (zehn Tage), Wuppertal (14 Tage), Köln (14 Tage) und Düsseldorf (sechs Wochen).

Jenseits der hier vorrangig interessierenden Frage der Beteiligung kann eine kurzfristige Ladung aus Sicht migrantischer Unternehmer*innen auch qualitative Auswirkungen auf die Beschlussfassung haben. Da es in den IHK-Vollversammlungen keine Fraktionen gibt, die verschiedene Standpunkte bündeln, obliegt es den einzelnen Mitgliedern, sich innerhalb kurzer Zeit eine Meinung zu den verschiedenen Themen zu bilden. Dieser Aspekt wird wie folgt kritisiert:

> *Normalerweise müssen [XX] Tage vor der Entscheidung die Unterlagen vorgelegt werden. Die Entscheidung kam, ich habe sie gelesen und fand sie absurd. Ich habe mit ein paar Freunden gesprochen, die fanden sie auch absurd. Ich hatte [YY] Leute erreicht, wir verloren [ZZ] zu [YY], weil ich die anderen nicht erreichen konnte, sie konnten die Dokumente nicht lesen. Als ich versuchte, es zu erklären, hörte mir niemand zu. Alle kamen, um sich zu zeigen, niemand wollte über den Inhalt sprechen. Es gibt keine Möglichkeit, das System zu kritisieren, es kommt einfach jemand und sagt, hebe deine Hand hoch.* (EU-KS-20)

Über die Einflussmöglichkeiten in den Kammern herrschen aber durchaus auch andere Meinungen, wie das folgende Zitat einer weiteren in einer Kammervollversammlung engagierten Person zeigt:

Ich habe da die Möglichkeit, alles mitzubestimmen, ob im Positiven oder Negativen. Ich finde, eine Kammer, daran teilzunehmen, ist sehr wichtig. (EU-KS-01)

Die Sitzungen sind zumeist nur für IHK-Mitglieder geöffnet. Allerdings erlauben die Satzungen der IHKn Bochum und Dortmund die Teilnahme von Personen, die unmittelbar von den Entscheidungen betroffen sind. Die Vollversammlungssitzungen der IHK Bonn und IHK Krefeld hingegen sind öffentlich. In den letzten Jahren vorgenommene Satzungsänderungen, die eine Öffnung der Vollversammlungen im Sinne von mehr Transparenz bewirken, können auch als Reaktion auf Kritik an bisherigen Entscheidungsverfahren und niedrige Wahlbeteiligung interpretiert werden.[48] Letztendlich ist eine solche Öffnung auch für Versuche hilfreich, Eingewanderte mit der Arbeit der Gremien vertraut zu machen.

Für die Beschlussfähigkeit wird zwar in der Regel die Anwesenheit einer bestimmten Anzahl von Mitgliedern erwartet, jedoch wird die Beschlussfähigkeit als gegeben angesehen, solange diese nicht in Frage gestellt wird. Dies trifft nicht auf die IHK Düsseldorf zu, bei der die Beschlussfähigkeit definitiv nur gegeben ist, wenn mindestens die Hälfte der Mitglieder anwesend ist. Ebenso gilt dies nicht für die IHK Bochum, bei der die Vollversammlungen als beschlussfähig gelten, solange sie form- und fristgerecht einberufen wurden. In allen IHKn erfolgen Abstimmungen üblicherweise durch Handheben.

Die verschiedenen Regelungen zur Beschlussfähigkeit der Vollversammlungen verdeutlichen, dass sich in den jeweiligen Kammern unterschiedliche demokratische Kulturen herausgebildet haben, denen bei der Verbesserung der Partizipation von Eingewanderten Rechnung zu tragen ist.

Die Sitzungen werden grundsätzlich in Präsenz abgehalten. In den letzten Jahren haben jedoch Satzungsänderungen bei den meisten IHKn in NRW (13 von 16) die Möglichkeit virtueller Meetings und elektro-

48 Sack, D., Schroeder, W. (2017). Die Industrie- und Handelskammern im politischen System Deutschlands. In: Schroeder, W., Weßels, B. (Hrsg.): Handbuch Arbeitgeber- und Wirtschaftsverbände in Deutschland. Wiesbaden: Springer VS, S. 103.

nischer Abstimmungen eingeführt. Dies ist auch eine Auswirkung der Coronapandemie, welche die Teilnahme von Unternehmer*innen an den Sitzungen vereinfacht und über Corona hinaus ein allgemeiner Beitrag zum Abbau von Zugangsbarrieren sein sollte (EU-KS-03). Es besteht für die Mitglieder eine persönliche Teilnahmepflicht, d.h., eine Vertretung in der Vollversammlung ist nicht zulässig.

Für die ehrenamtliche Tätigkeit in den Vollversammlungen wird kein Ausgleich gezahlt. In einigen Kammern besteht lediglich die Möglichkeit, Aufwendungen zu erstatten. Dies ist ein eventueller Nachteil insbesondere für diejenigen, die von „Laufkundschaft" abhängig sind und über wenig oder kein Personal verfügen. Gerade für migrantische Unternehmer*innen kann hier eine besondere Herausforderung liegen. Ein*e engagierte*r Unternehmer*in formuliert es wie folgt:

> *Ich muss teilweise für die IHK mein Geschäft schließen, weil ich keine Mitarbeiter habe, um an der Versammlung teilnehmen zu können. Persönlich geht mir natürlich auch etwas Umsatz verloren.* (EU-KS-03)

Neben der Möglichkeit der Kooptation besteht in zehn IHKn in NRW die Möglichkeit, Personen in beratender Funktion in die Vollversammlungen einzubinden. In den IHKn Bonn, Bochum, Düsseldorf und Wuppertal können ausgeschiedene Präsident*innen bzw. Mitglieder zu Ehrenpräsident*innen bzw. Ehrenmitgliedern ernannt werden. In den IHKn Aachen, Dortmund, Essen, Köln und Duisburg können auch besonders verdiente Persönlichkeiten allgemein in den Kammergremien Ehrenpräsident*innen oder -mitglieder werden. In der IHK Hagen besteht ebenfalls die Möglichkeit, Ehrenpräsident*innen und -mitglieder zu ernennen, die genauen Kriterien hierfür sind jedoch nicht aus der Satzung der Kammer ersichtlich.

Solche Regelungen sind beispielhaft dafür, dass neben der Kooptation auch die Möglichkeit besteht, weitere Personen in beratender Funktion in die Kammervollversammlungen einzubeziehen, teils jetzt schon ohne Satzungsänderung.

Vollversammlungen der Handwerkskammern in NRW

Im Gegensatz zu den Vollversammlungen der IHKn, die in Bezug auf ihre Zusammensetzung und Arbeitsabläufe eher uneinheitlich sind, sind die Vollversammlungen der HWKn sehr ähnlich zugeschnitten, was daraus folgt, dass ihre Zusammensetzung, Amtszeit und weitere Vorgaben im Gesetz zur Ordnung des Handwerks (HwO) detailliert festgelegt sind. In der Folge weisen die Satzungen der HWKn in NRW in vielen Bereichen wortgleiche Formulierungen auf.

Im Unterschied zu den Vollversammlungen der IHKn, in denen ausschließlich Arbeitgebervertreter*innen zusammenkommen, besteht in den Vollversammlungen der Handwerkskammern (HWKs) die Verpflichtung, dass ein Drittel der Mitglieder Gesell*innen oder andere Arbeitnehmer*innen mit abgeschlossener Berufsausbildung sind. Die Rekrutierung der Arbeitnehmervertreter*innen erfolgt über zwei Kanäle: die Gewerkschaftsliste des Deutschen Gewerkschaftsbunds (DGB) sowie das Kolpingwerk.[49]

Die Anzahl der ordentlich gewählten Mitglieder in den HWKn in NRW variiert zwischen 30 (HWK Hagen) und 75 (HWK Düsseldorf). Im Unterschied zu den IHKn werden in einigen Handwerkskammern neben den ordentlichen Mitgliedern auch ein*e (bei den HWKn Aachen, Dortmund, Münster und Hagen) oder zwei Stellvertreter*innen (bei den HWKn Bielefeld, Düsseldorf und Köln) gewählt.

Die Wahl in die Vollversammlungen erfolgt alle fünf Jahre per Brief und, ähnlich wie in den IHKn, über Gewerbegruppen. Die Aufteilung in Gewerbegruppen obliegt den Satzungen der einzelnen Handwerkskammern gemäß § 93 HwO, unter Berücksichtigung der wirtschaftlichen Besonderheiten und der wirtschaftlichen Bedeutung der jeweiligen Gewerbe.

Für eine Kandidatur muss eine Person von mindestens doppelt so vielen Wahlberechtigten unterstützt werden, wie Sitze sowohl für die Arbeitgeber*innen- als auch für die Arbeitnehmer*innenseite in der Vollversammlung zu besetzen sind.

---

49 Van Elten, K. (2018), S. 81.

Die relativ großen Kammerbezirke, die demgegenüber geringe Anzahl an Sitzen in den Vollversammlungen, der enge gesetzliche Spielraum sowie der große Unterstützungsbedarf durch Unterzeichner*innen erschweren die Einbindung von Migrant*innen.

Ein Handwerkskammervertreter bringt diese Problematik in folgenden Worten zum Ausdruck:

> *In der Vollversammlung in unserem Parlament ist es so, dass die Sitze verteilt werden nach den wirtschaftlichen Gegebenheiten der Region. Wenn alle Migranten nur Friseure sind (ich möchte dieses Vorurteil nehmen) und ich nur zwei Sitze für Friseure habe oder drei, dann musste ich mich als Migrant natürlich durchkämpfen so wie als Deutscher, um dann irgendwann mal Mitglied in der Vollversammlung zu werden. Aber das setzt schon ein außerordentliches Engagement voraus, was auch viele Deutsche nicht haben, aber auch Migranten wahrscheinlich erst recht nicht. Deswegen ist es sehr schwer. Wir haben auch Personen mit Migrationshintergrund in der Vollversammlung, aber es ist sehr viel schwerer von dem Zuschnitt her, über diejenigen, die die Listen machen und aufstellen, erstmal auf eine Liste genommen zu werden, weil ich dann vielleicht gar nicht die Kriterien erfülle. Denn die Vollversammlung soll ein Spiegelbild der wirtschaftlichen und regionalen Verhältnisse sein des Kammerbezirks, und da passen nicht 15 Friseure rein.*
> (KV-KS-10)

Die Aufteilung auf die einzelnen Gewerbe erfolgt gemäß den Anlagen A und B der HwO (siehe Infobox: Anlage A, B1 und B2 – Gewerbe nach Handwerksordnung).

Infobox: Anlage A, B1 und B2 – Gewerbe nach Handwerksordnung

Die Handwerksordnung (HwO) führt in den Anlagen A, B1 und B2 verschiedene Handwerksberufe auf. In Anlage A sind die zulassungspflichtigen Handwerke verzeichnet. Für die Ausübung dieser Berufe ist eine Eintragung in die Handwerksrolle erforderlich und der Nachweis einer Meisterprüfung oder einer vergleichbaren Qualifikation muss vorliegen. Beispiele für zulassungspflichtige Handwerke sind Dachdecker*innen, Schornsteinfeger*innen und Orthopädietechniker*innen.

Die Anlage B1 beinhaltet die zulassungsfreien Handwerke, bei denen bestimmte fachliche Anforderungen erfüllt sein müssen, jedoch für die selbständige Ausübung keine Eintragung in die Handwerksrolle erforderlich ist. Beispiele für zulassungsfreie Handwerke sind Schuhmacher*innen, Textilreiniger*innen und Maßschneider*innen.

Die Betriebe in Anlage B2 werden als handwerksähnliche Gewerbe bezeichnet. Sie unterliegen nicht den strengen Anforderungen der Handwerksrolle und können ohne Eintragung selbständig ausgeübt werden. Beispiele für handwerksähnliche Gewerbe sind Bodenleger*innen, Änderungsschneider*innen und Kosmetiker *innen.

Mehr Informationen:
https://www.zdh.de/daten-und-fakten/handwerksordnung/

Bei den Handwerkskammern besteht die Möglichkeit, die Vollversammlungen um sachverständige Personen zu erweitern, und zwar um bis zu einem Fünftel der Mitgliederzahl (§ 93 Abs. 4 HwO). Die genaue Regelung zur Zuwahl von Sachverständigen obliegt den Satzungen der jeweiligen Kammern. Die Satzung der HWK Hagen orientiert sich an den entsprechenden Regelungen der HwO und ermöglicht somit maximal sechs Sachverständige. In den Handwerkskammern Köln, Dortmund und Aachen können maximal sechs Personen, in Münster und

Bielefeld maximal neun Personen und in Düsseldorf sogar 15 Personen zugewählt werden.

Die Vollversammlungen der HWKn finden mindestens zweimal im Jahr statt und werden vom Präsidium einberufen. Die Einladung zur Sitzung erfolgt in der Regel mindestens zwei Wochen im Voraus, während in der HWK Köln eine Einladungsfrist von nur einer Woche gilt.

Die Sitzungen der Vollversammlungen sind öffentlich. Obwohl die gewählten Mitglieder verpflichtet sind, an den Sitzungen teilzunehmen, können im Falle einer Verhinderung ihre Stellvertreter*innen teilnehmen. Dadurch unterscheidet sich die Regelung der HWKn von der Regelung der IHKn, und es bieten sich Möglichkeiten für Außenstehende, die Arbeit der Gremien kennenzulernen.

Damit die Vollversammlungen beschlussfähig sind, ist in den meisten Handwerkskammern die Anwesenheit von drei Fünfteln der Mitglieder erforderlich. In den HWKn Aachen und Hagen genügt die Anwesenheit der Hälfte der Mitglieder, während in Köln zwei Drittel der Mitglieder anwesend sein müssen. Die Anforderungen an qualifizierte Mehrheiten für die Beschlussfähigkeit könnten darauf hindeuten, dass bei den Handwerkskammern im Vergleich zu den IHKn weniger Sorgen um die Anwesenheit der Mitglieder bei den Sitzungen bestehen. Das wahrscheinlich große Engagement der Kandidat*innen, die sich für die Wahl auf eine begrenzte Anzahl von Vollversammlungssitzen in einem weitläufigen Gebiet qualifiziert haben sowie die Stellvertretungsregelung bieten hier höchstwahrscheinlich eine gewisse Sicherheit. Die HWKn haben eventuell auch den Vorteil, dass sie im Vergleich zu den IHKn bessere Möglichkeiten für Aufwandsentschädigungen haben. Neben der Erstattung von Reisekosten, Tages- und Übernachtungsgeld sowie sonstigen Auslagen besteht die Option, ein pauschaliertes Sitzungsgeld auszuzahlen. Zudem können auf Antrag den Arbeitgeber*innen die anteiligen Lohn- und Lohnnebenkosten der freigestellten Arbeitnehmervertreter*innen erstattet werden.

Höchste beschlussfassende Gremien der Kammern der Freien Berufe

Die höchsten beschlussfassenden Gremien der Kammern der Freien Berufe weisen uneinheitliche Strukturen auf und unterscheiden sich in vielerlei Hinsicht voneinander. Daher werden sie nach vier Hauptgruppen betrachtet.

In der ersten Gruppe werden die landesweit aktiven Baukammern (Architektenkammer und Ingenieurkammer-Bau) behandelt. Die zweite Gruppe umfasst die drei Rechtsanwaltskammern. In der dritten Gruppe werden die drei Steuerberaterkammern dargestellt. Und schließlich werden in der vierten Gruppe die Kammern der Heilberufe thematisiert.

Baukammern

Die höchsten beschlussfassenden Organe der Architektenkammer NRW und der Ingenieurkammer-Bau NRW, die durch das Landesbaukammergesetz (BauKaG NRW) begründet wurden, werden als „Vertreterversammlung" bezeichnet. Die Vertreterversammlung der Architektenkammer besteht aus 201 Mitgliedern, während die der Ingenieurkammer-Bau 101 Mitglieder umfasst (§ 7 Abs. 2 und 3 BauKaG NRW). In beiden Kammern ist eine Kooptation, also die Hinzuwahl von Mitgliedern durch die ordentlichen Mitglieder, nicht vorgesehen.

Die Vertreterversammlungen werden für die Dauer von fünf Jahren gewählt (§ 7 Abs. 1 BauKaG NRW). Die Wahl in der Architektenkammer erfolgt nach Fachrichtungen (Innenarchitektur, Landschaftsarchitektur und Stadtplanung) sowie Tätigkeitsarten (angestellte Architekt*innen und freischaffende Architekt*innen) und in der Ingenieurkammer-Bau nach Wahlgruppen (Wahlgruppe 1 für Pflichtmitglieder, Wahlgruppe 2 für freiwillige Mitglieder, nämlich eingetragene beratende Ingenieur*innen, Wahlgruppe 3 für freiwillige Mitglieder, nämlich weitere Personen, die die Berufsbezeichnung verwenden dürfen).

Für die Architektenkammer ist es erforderlich, dass die Wahlvorschläge für neue Kandidat*innen, die nicht zuvor gewählt wurden, von mindestens fünf wahlberechtigten Personen der jeweiligen Fachrichtung unterzeichnet werden. In der Ingenieurkammer-Bau hingegen müssen die Kandidat*innen je nach Wahlgruppe zwischen zwei und zehn Unterstützer*innen finden, um kandidieren zu können.

Die Vertreterversammlungen der Baukammern kommen mindestens einmal im Jahr auf Einladung des Präsidiums (Architektenkammer) oder des Vorstands (Ingenieurkammer-Bau) zusammen. Die Einladung erfolgt mit Bekanntgabe der Tagesordnung mindestens einen Monat vor der Sitzung. Für die Beschlussfähigkeit der Vertreterversammlungen muss die Hälfte der Mitglieder anwesend sein.

Die Kosten für Auslagen und den Zeitaufwand im Zusammenhang mit der ehrenamtlichen Tätigkeit in beiden Kammern werden erstattet. Die Arbeitgeber*innen sind verpflichtet, die Mitglieder für die Ausübung ihres Mandats freizustellen, sofern es unmittelbar mit ihren Aufgaben in Verbindung steht.

Rechtsanwaltskammern

Gemäß der Bundesrechtsanwaltsordnung (BRAO) werden die Rechtsanwaltskammern in den Bezirken der Oberlandesgerichte gebildet. In NRW existieren drei Oberlandesgerichte, in Hamm, Düsseldorf und Köln. Diese Orte sind Sitze der drei Rechtsanwaltskammern.

In den Rechtsanwaltskammern existieren Kammerversammlungen, die in ihrer Benennung an die Vollversammlungen der Wirtschaftskammern bzw. die Vertreterversammlungen der Baukammern erinnern. In den Kammerversammlungen der Rechtsanwaltskammern kommen alle Mitglieder zusammen. Die gewählten Vorstände der Rechtsanwaltskammern entsprechen dann den Vollversammlungen der Wirtschaftskammern, weshalb unser Fokus auf diesen Gremien liegt.

Die Vorstände der Rechtsanwaltskammern werden für eine Amtszeit von vier Jahren gewählt, wobei alle zwei Jahre die Hälfte der Mitglieder neu gewählt wird. Gemäß der BRAO muss der Vorstand aus mindestens sieben Personen bestehen, wobei die Kammerversammlungen die Möglichkeit haben, diese Zahl zu erhöhen (§ 63 Abs. 2 BRAO). Die RAK Düsseldorf und RAK Hamm haben jeweils 30 Vorstandsmitglieder, während die RAK Köln 26 Vorstandsmitglieder hat, die nach den Landgerichtsbezirken gewählt werden. Die Wahl der Vorstandsmitglieder erfolgt per Briefwahl, die auch als elektronische Wahl durchgeführt werden kann.

Um wählbar zu sein, ist die Mitgliedschaft in der Rechtsanwaltskammer allein nicht ausreichend. Es ist obligatorisch, dass die Kandidat*innen den Rechtsanwaltsberuf seit mindestens fünf Jahren ohne Unterbrechung ausüben (§ 65 Abs. 2 BRAO). Darüber hinaus müssen sie von einer Mindestzahl von Wahlberechtigten vorgeschlagen werden, um gewählt werden zu können. In der RAK Düsseldorf müssen die Wahlvorschläge von 15, in Hamm von zehn und in Köln ebenfalls von zehn Wahlberechtigten aus dem entsprechenden Landgerichtsbezirk unterstützt werden.

Unter Berücksichtigung der jüngeren Altersstruktur von Migrant*innen sowie ihrer schwächeren beruflichen Netzwerke lässt sich vermuten, dass die genannten Bedingungen potenziell hinderlich für die Kandidatur von Rechtsanwält*innen mit Einwanderungsgeschichte sein können, worauf die Aussage eines Funktionärs einer Rechtsanwaltskammer schließen lässt, die auf die Stagnation bei der Beteiligung in Kammerstrukturen trotz der gestiegenen Anzahl der Migrant*innen im Beruf hinweist:

> *Ich glaube, dass wir insgesamt schon, das überblicke ich jetzt auch von meinem eigenen Studium, dass Jura tatsächlich ein Fach ist, was zumindest nicht unattraktiv ist für Migranten, so in meiner Einschätzung. Insofern haben wir schon einen gewissen Satz an Personen mit ausländischer Geschichte, Familiengeschichte oder Migrationshintergrund. Ich kann aber im Moment tatsächlich nicht beobachten, dass [... der Anteil in Gremien] steigt. Ich würde das eher als konstant betrachten.* (KV-KS-19)

In den Vorständen der Rechtsanwaltskammern ist eine Kooptation nicht vorgesehen, jedoch bietet die Wahlordnung der RAK Köln eine interessante Möglichkeit, indem sie die Einreichung von Wahlvorschlägen durch örtliche Anwaltsvereine zulässt.

Steuerberaterkammern

In NRW existieren drei Steuerberaterkammern gemäß dem Steuerberatungsgesetz (StBerG), die ihren Sitz in den drei Oberfinanzbezirken Düsseldorf, Köln und Münster haben. Neben Steuerberater*innen und Steuerbevollmächtigten sind auch anerkannte Berufsausübungsgesellschaften Mitglieder der Steuerberaterkammern. Des Weiteren werden die Mitglieder der Geschäftsführungen und Aufsichtsorgane der Berufsausübungsgesellschaften als Mitglieder aufgenommen. Auch ausländische Berufsausübungsgesellschaften werden Mitglieder in der Steuerberaterkammer, von der sie anerkannt worden sind (§ 74 StBerG).

In den Steuerberaterkammern steht eher die Ausübung einer Tätigkeit im Fokus, selbst wenn kein formaler beruflicher Abschluss in diesem Bereich vorliegt. Ähnlich wie bei den Rechtsanwaltskammern fungiert auch bei den Steuerberaterkammern die Kammerversammlung als Plattform für alle Mitglieder. Die Kammerversammlungen der Steuerberaterkammern in Düsseldorf und Köln treffen sich mindestens einmal im Jahr, während die Kammerversammlung der Steuerberaterkammer Münster mindestens alle zwei Jahre zusammentritt. Auch hier sind die Vorstände die demokratisch gewählten höchsten Organe.

Die Vorstände der Steuerberaterkammern Düsseldorf und Westfalen-Lippe bestehen aus jeweils 19 Mitgliedern, während der Vorstand der Steuerberaterkammer Köln 21 Mitglieder hat. Bei der Sitzverteilung wird darauf geachtet, dass die Bezirke der Finanzämter im jeweiligen Einzugsgebiet durch mindestens ein Vorstandsmitglied repräsentiert werden. In Düsseldorf sind dies neun Bezirke, in Köln acht und in Münster zwölf. Die Vorstände werden für einen Zeitraum von vier Jahren gewählt. Kandidat*innen in Köln und Münster müssen zum Zeitpunkt der Wahl seit mindestens drei Jahren ununterbrochen Mitglied der Kammer sein. Obwohl diese Zeitspanne im Vergleich zu den Erfahrungsvoraussetzungen in den Rechtsanwaltskammern kürzer ist, kann auch hier eine Zugangshürde vermutet werden, unabhängig davon, dass solche Bestimmungen für die adäquate Ausübung der Tätigkeit sachgerecht sein mögen.

Die Mitglieder der Vorstände der Steuerberaterkammern haben die Möglichkeit, eine pauschale Entschädigung für ihren Aufwand, Verdienstausfall sowie Reisekosten zu erhalten.

Kammern der Heilberufe

Die Gründung der Kammern der Heilberufe basiert auf dem nordrhein-westfälischen Heilberufsgesetz (HeilBerG). Das Land beherbergt zwei Ärztekammern, zwei Apothekerkammern, zwei Tierärztekammern, zwei Zahnärztekammern sowie eine Psychotherapeutenkammer und eine Pflegekammer. Die Kammern sind jeweils in den Landesteilen Nordrhein und Westfalen-Lippe vertreten, während die Psychotherapeutenkammer und die neu gegründete Pflegekammer landesweit agieren.

Die Kammerversammlungen der Heilberufe werden für fünf Jahre gewählt (§ 11 HeilBerG). In die Versammlungen können alle Kammermitglieder gewählt werden, die seit mindestens 15 Wochen der Kammer angehören. Den Kammerversammlungen gehören mindestens 41 und maximal 121 Mitglieder an (§ 13 HeilBerG).

Die Kammerversammlungen der Heilberufe werden nach Wahlkreisen bestimmt, wobei jeder Wahlkreis ein Mitglied stellt und die Anzahl der zu wählenden Mitglieder je nach Berufsgruppe variiert. So wird für je 250 Angehörige der Ärztekammern, je 80 Angehörige der Apothekerkammern, je 2.000 Angehörige der Pflegekammer, je 100 Angehörige der Psychotherapeutenkammer, je 50 Angehörige der Tierärztekammern und je 75 Angehörige der Zahnärztekammern ein Mitglied gewählt (§ 15 HeilBerG). Die Mitglieder kandidieren für Wahlbezirke, die den Regierungsbezirken entsprechen (§ 11 Abs. 2 HeilBerG).

Um als Kandidat*in für die Kammerversammlungen der Ärztekammern aufgestellt zu werden, müssen die Wahlvorschläge von mindestens 40 wahlberechtigten Personen aus dem Wahlkreis unterzeichnet sein. Für die Apothekerkammern sind mindestens 20 Unterstützer*innen erforderlich, für die Psychotherapeutenkammer und die Zahnärztekammern mindestens 15, für die Tierärztekammern mindestens zehn und für die Pflegekammer mindestens 40. Es ist anzunehmen, dass die erforderliche Unterstützung durch zahlreiche Mitglieder, um als Kandidat*in antreten zu können, auch in diesem Fall eine hemmende Wirkung haben kann.

Es existieren Regelungen zur geschlechtergerechten Verteilung der Sitze und Positionen in den Kammern der Heilberufe, die auch im Rahmen der interkulturellen Öffnung aufgegriffen werden könnten. Es wird gefordert, dass bei den Wahlvorschlägen das Geschlecht in der Minderheit berücksichtigt wird, um sicherzustellen, dass dieses Geschlecht in der Kammerversammlung adäquat vertreten ist (§ 16 Abs. 1 HeilBerG). Zudem verpflichtet § 6 Abs. 5 des Heilberufsgesetzes alle Kammern dazu, die geschlechtsspezifischen Auswirkungen bei allen Maßnahmen, Planungen und Entscheidungen zu berücksichtigen. Die Kammern werden aufgefordert, eine geschlechterparitätische Besetzung ihrer Organe und Kommissionen anzustreben. Diese Bestimmungen tragen zur Förderung der Geschlechtergleichstellung in den Heilberufskammern bei und belegen, dass bei der Zusammensetzung der Kammergremien und -verwaltungen auch nicht wirtschaftliche und nicht berufsbezogene Faktoren berücksichtigt werden können und die Landesgesetzgebung eine ausgewogene Vertretung verschiedener Interessengruppen fördern kann.

Die Kammerversammlungen von Tierärztekammern und Apothekerkammern tagen mindestens einmal, die der weiteren Kammern mindestens zweimal im Jahr. Die Mitglieder der Kammerversammlungen der Heilberufe können Aufwandsentschädigungen, Tagegelder und Reisekosten erhalten.

In diesem Abschnitt wurden mit den strukturellen Hindernissen zugleich auch Ansatzpunkte identifiziert, die bei der Entwicklung von Maßnahmen zur Verbesserung der Partizipation von Migrant*innen berücksichtigt werden können. Es gibt jedoch spezifische Herausforderungen insbesondere in Bezug auf Branchenschlüssel bei der Festlegung der Wahlbezirke, den Unterstützungsbedarf bei Wahlvorschlägen und den Kostenfaktor des Engagements, die sich besonders nachteilig auf Migrant*innen auswirken können, neben möglicherweise weiteren suboptimalen Bedingungen.

Allerdings beschränken sich die institutionellen Hürden nicht allein auf die Regelungen in den Satzungen der Kammern, sondern reichen weit darüber hinaus. Sie hängen eng mit der Selbst- und Fremdwahrnehmung der Kammern und ihrer Mitglieder sowie mit etablierten Netzwerken und Gewohnheiten (die, wie oben bereits angedeutet, in Wechselwirkung mit bestehenden rechtlichen Regelungen treten können) zusammen. Im folgenden Abschnitt werden diese Faktoren genauer untersucht.

II.II Institutionelle Schwierigkeiten der Partizipation von Migrant*innen in den Kammergremien

Die berufsständischen Vereinigungen in Deutschland können auf eine lange Tradition zurückblicken. Sie sind einerseits Trägerinnen eines umfangreichen Erfahrungsschatzes und haben sich hohe fachliche Kompetenz erarbeitet. Zugleich sind in solch etablierten Institutionen Haltungen und Beziehungen gefestigt. Die Dominanz älterer und männlicher Mitglieder[50] wird häufig kritisiert. Bezogen auf die Wirtschaftskammern kommt zudem die Kritik hinzu, dass sie von größeren Unternehmen dominiert werden. Trotz der Bemühungen der letzten Jahre sind solche Dominanzen nicht vollständig überwunden.

Im Zuge der vorliegenden Studie wurde dieser Themenkomplex von insgesamt fünf Gesprächspartner*innen thematisiert. Unter ihnen befanden sich zwei Personen mit Migrationsgeschichte, die in den Kammern aktiv sind, sowie drei Vertreter der Kammern selbst. Das nachfolgende Zitat einer Person mit Einwanderungsgeschichte veranschaulicht die Problematik:

> *Historisch gesehen glaube ich, die Berufsverbände, die sind etwas etablierter. Die kommen halt aus einem gewissen Milieu,*

50 Die Dominanz männlicher Vertreter in den Kammerstrukturen wird in offiziellen Statistiken deutlich sichtbar. Laut den von der IHK-Transparenz veröffentlichten Zahlen liegt der durchschnittliche Frauenanteil in den Kammervollversammlungen in NRW bei etwa 20 Prozent. Der Frauenanteil variiert dabei zwischen 2 Prozent (IHK Siegen) und 34 Prozent (IHK Köln). Weder auf der Transparenzseite der HWKn in NRW noch auf der Webseite des WHKT werden Zahlen zur Beteiligung von Frauen in den Kammervollversammlungen veröffentlicht. Ein Blick auf die Namen in den Vollversammlungslisten der Kammern zeigt jedoch, dass die Situation nicht anders ist als in den IHKn. https://www.ihk.de/die-ihk/ihk-transparent/zahlen-und-fakten/anteil-weiblichen-mitglieder-vollversammlung-5473926 und https://www.handwerkskammern-nrw-transparent.de/navi-21-22/ehrenamt, beide Seiten zuletzt aufgerufen am 20.05.2023.

vertreten gewisse soziale Schichten oder Zusammensetzungen. Und da hat man es dann vielleicht etwas schwerer als jemand mit einem gewissen Migrationshintergrund, sage ich mal, da reinzufinden. (EU-KS-07)

In den Interviews fällt auf, dass Personen mit Migrationsgeschichte eher den Bedarf an Veränderungen in den Kammern sehen, während die Kammervertreter den Entwicklungsbedarf der Migrant*innen betonen. Die folgenden Aussagen repräsentieren diese beiden Positionen:

> *Die Strukturen sind teilweise natürlich auch veraltet. [...]. Diese Strukturen werden ja auch in unseren Verbänden weiter fortgeführt. [...] das Thema Diversität ist modern geworden und das führt dazu, dass Interesse jetzt teilweise geweckt wird.* (EU-KS-08)

> *Das Handwerk und die Handwerksorganisationen haben Tradition. Und ich glaube, dass sowohl Arbeitnehmern als auch Selbständigen mit Migrationshintergrund diese Tradition nicht ganz bewusst ist. Deswegen muss ich dort erstmal diese Tradition schaffen.* (KV-KS-10)

Die überwiegende Präsenz älterer Männer in den Kammern wirkt abschreckend auf Migrant*innen und hindert sie daran, sich zu engagieren. Das Zitat einer nicht engagierten Person verdeutlicht diese Problematik:

> *Die meisten Kammermitglieder sind nun mal männlich, das weiß ich ja aus den Wahlunterlagen. Auch die Altersstruktur, ich wäre auf jeden Fall so ein kleiner Paradiesvogel.* (NEU-KS-15)

Die nachfolgende Aussage einer in der Kammer engagierten Person verdeutlicht, dass es besonderen Mut erfordern kann, diese psychologische Hürde zu überwinden:

> *[Weil] doch der Frauenanteil sehr gering ist. Und wenn man dann eine Reihe an dunkelblauen Anzügen vor sich hat [...] man muss sich einmal zusammenreißen, Mut zusammenpacken und auch mal auf die Menschen zugehen.* (EU-KS-03)

Auch in Bezug auf die Dominanz der größeren Betriebe werden ähnliche Aussagen getroffen, die betonen, dass es Mut erfordert, eigene Interessen zu artikulieren. Eine engagierte Person drückt dies in einem eher optimistischen Ton wie folgt aus:

> *Ein Konzern hat mehr Macht, das ist klar. Und je lauter die Konzerne schreien, desto mehr werden die angehört. Je weniger die Kleinen schreien, desto weniger werden die gehört. Deswegen ist es auch so wichtig, nochmal mein Appell dazu, auch die kleinen Betriebe sollen zusehen, dass sie sich hören lassen, dass sie in den Kammern sich bewerben, in den Kammern auch sich beteiligen. Nur so können sie eben halt auf sich aufmerksam machen.* (EU-KS-01)

Die Situation wird jedoch auch eher pessimistisch kommentiert, wie in der folgenden Aussage:

> *In [der Stadt XX] zahlt die [Firma YY] die höchsten Mitgliedsbeiträge. Da er am meisten zahlt, werden seine Wünsche berücksichtigt. Kleine und mittlere Unternehmen werden überhaupt nicht berücksichtigt.* (EU-KS-20)

Es scheint, dass die Prägung der Kammern durch bestimmte Gruppen und die dadurch entstandene Kultur Berührungsängste bei Migrant*innen hervorrufen können. In den Interviews wurden in allen befragten Gruppen Aussagen getroffen, die diese Berührungsängste betonen:

> *Ich glaube, dass diese Kammer-Innenwelt als etwas sehr Deutsches angesehen wird. Und es gibt wahrscheinlich eine Hemmschwelle: zu sagen: „Ah nein, willst du das wirklich machen?" [...] In dem Moment, in dem ich mich da engagieren will, muss ich mich auch trotz eines Sprachmangels oder einer kulturellen Differenz selbst ermächtigen wollen und sagen, ich mache das jetzt, ich will dazugehören. Und das mit der Sprache und der Kulturdifferenz, das werde ich überbrücken durch meine Persönlichkeit. Aber dafür muss man extrem selbstbewusst und stark sein. Und ich glaube, dass da das eigentliche Problem liegt.* (KV-KS-18)

Die Aussage eines nicht engagierten Unternehmers/einer nicht engagierten Unternehmerin stimmt mit der oben zitierten Aussage eines Kammervertreters überein und unterstreicht, dass sich die Situation in bestimmten Berufsgruppen und mit dem Generationenwechsel wandelt:

> *Es ist eine gewisse Berührungsangst, [...] sprachlich sei es, dass man kein Umfeld hat, das einen da unterstützt. [...] Also, ich sage mal, die akademischen sind nochmal anders, was jetzt Ärztekammer oder Architektenkammer oder Anwaltskammer betrifft, aber im Handwerksbereich ist viel Berührungsangst. [...] man fragt sich vielleicht, werde ich da aufgenommen, gehöre ich irgendwie dahin oder mache ich einfach nur meinen Job [...] das ändert sich natürlich, das ist eine strukturelle Änderung von den Familien mit Migrationshintergrund. Deswegen muss man das dazu sagen, glaube ich, weil wenn die jetzige Generation in den Anfängen ihres Berufslebens steht, haben die eine ganz andere Kultur eben hier genossen oder sind in der Struktur aufgewachsen und müssten weniger Berührungsängste haben mit solchen Organisationen.* (NEU-KS-05)

Ein*e engagierte*r Unternehmer*in erkennt nicht nur Unterschiede zwischen den Migrant*innengenerationen, sondern auch Veränderungen in den Kammerstrukturen im Zusammenhang mit dem Generationenwandel:

> *Es liegt ein bisschen daran, dass es wie ein fest gewachsener Verein wirkt, die Kammer von außen. In solchen Strukturen hat man es als Fremder auf den ersten Blick nicht leicht. Vermutlich hat es auch was mit dem Generationendenken zu tun, weil dasselbe Problem würde es ja nicht geben bei den jüngeren Mitgliedern. Je jünger die Generationen werden, desto inklusiver sind diese, desto selbstverständlicher sind so ein paar Themen. Man stellt sich manche Fragen gar nicht, ob man dazugehört oder nicht.* (EU-KS-07)

Die oben zitierten Aussagen verdeutlichen, dass die Einbindung von Migrant*innen in die Kammerstrukturen eng mit dem Verjüngungsprozess und auch einem Kulturwandel in den Institutionen verbunden sein kann. Doch lassen die Interviews darauf schließen, dass die Kommunikation der Kammern in der superdiversen Gesellschaft verbesserungsfähig ist. Dies betrifft nicht nur die Kommunikation mit Migrant*innen. Die folgenden Aussagen einer engagierten und einer nicht engagierten Person verdeutlichen den Zusammenhang zwischen Berührungsängsten und Informationsdefiziten:

> *Als [Herr XX] mich angeworben hat, an dieser Vollversammlung teilzunehmen und Mitglied zu werden, hatte ich meine Ängste, weil ich nicht wusste, was mich da erwartet, welche Aufgaben mich da erwarten. Ich hatte Berührungsängste. Die waren plötzlich weg. Als ich dann direkt vor Ort war und mir die ganze Sache angeguckt und angehört habe, habe ich sehr schnell festgestellt, das ist schon ganz toll.* (EU-KS-01)

> *Wenn ich weiß, was da gemacht wird, wenn ich weiß, was diese Kammer für mich und auch für meine Mitmenschen hier bringen würde, würde ich gerne dabei sein.* (NEU-KS-13)

Eine andere Aussage einer engagierten Person stimmt mit den obigen Statements überein und macht den Bedarf an Informationsarbeit bezüglich Mitgestaltungsmöglichkeiten deutlich:

> *Viele können auch mit „Vollversammlungen", mit diesen Begriffen, einfach gar nichts anfangen. Und das spielt keine Rolle, ob es Migranten sind oder Deutsche. Selbst in der deutschen Familie, in meinem Familienkreis wusste keiner, was Vollversammlungen sind. Ich am Anfang ja auch nicht, bevor ich die Aufgabe übernommen habe.* (EU-KS-03)

Das in nahezu allen Interviews angesprochene Thema des Informationsmangels steht in enger Verbindung mit einem weiteren Problem: der Wahrnehmung der Kammern als Behörden. Sowohl die Interviews mit den Kammervertretern als auch den Unternehmer*innen mit Einwanderungsgeschichte lassen darauf schließen, dass Unternehmer*innen dazu tendieren, die Berufskammern als Teil der öffentlichen Verwaltung zu sehen. Diese Wahrnehmung hat zwei Hauptursachen: Zum einen entsteht bei der ersten Begegnung mit den Kammern häufig der Eindruck einer öffentlichen Verwaltung. Die Pflichtmitgliedschaft und

Beitragsrechnungen verstärken diesen Eindruck. Zum anderen können vor der Einwanderung geformte Vorstellungen über die Regulierung des Wirtschaftslebens sowie über gesellschaftliches Engagement eine Rolle spielen.

In sieben Interviews mit Unternehmer*innen mit Einwanderungsgeschichte wurde angegeben, dass die Verbindung zu den Berufskammern oft nicht über die Zahlung von Mitgliedsbeiträgen hinausging. Dabei wird diese Situation unterschiedlich kritisch mit Bezug auf die Kammern geschildert. Im Folgenden sind Zitate wiedergegeben, die das Spektrum abbilden:

> *Das heißt, wenn man jetzt mal die IHK nimmt, da ist man Mitglied, ob man will oder nicht. Die meisten zahlen ihre Beiträge, aber wissen zu wenig über den Hintergrund: Was für eine Funktion hat die IHK? Für viele ist das einfach nur Bürokratie, aber da steckt ja viel mehr dahinter. Um Informationen zu sehen, was passiert, was wir gestalten können. Das ist nicht nur ein Apparat, der jedes Jahr die Beiträge abbucht, sondern da passiert viel mehr.* (NEU-KS-05)

> *Ich habe das als Pflicht gesehen, dass man da Beiträge zahlen muss. Insoweit habe ich auch schon Dienstleistungen in Anspruch genommen. Weiter hinterfragt habe ich das nicht.* (NEU-KS-12)

> *Wir sind nicht immer als Geldquelle da. Wenn ich nicht müsste, würde ich mich da nicht registrieren. Ich musste das machen laut Gesetz, sonst durfte ich nicht arbeiten. […] Ich fühle mich sozusagen wie eine Geldquelle.* (NEU-KS-13)

In vielen Herkunftsländern wird das Wirtschaftsleben direkt von staatlichen Behörden reguliert und soziales Engagement wird mit politischem Engagement gleichgesetzt. Das folgende Zitat einer engagierten Person verdeutlicht diese Problematik:

> *Die verstehen für sich nicht den Vorteil von Netzwerken. Die sind einfach nicht in Verbänden organisiert. Das, was die höchstens kennen, ist eine politische Parteizugehörigkeit, und die meisten Unternehmer interessieren sich auch nicht für poli-*

> *tische Parteizugehörigkeit. Das sind halt Macher und die denken, dass Verbandsarbeit so etwas ist wie eine politische Parteizugehörigkeit aus ihrer Heimat.* (EU-KS-04)

Die Interviewpartner*innen kritisieren die Kammern dafür, dass sie die Wahlen zur Vollversammlung nicht wirksam ankündigen. Gleichzeitig wird festgestellt, dass das Interesse am ehrenamtlichen Engagement abnimmt. Engagementdefizite würden sich vor diesem Hintergrund aus einer Bring- und einer Holschuld gleichermaßen erklären.

Das geringe Interesse an ehrenamtlichem Engagement wurde in zehn Interviews angesprochen, von drei engagierten Unternehmer*innen, zwei nicht engagierten Unternehmer*innen und fünf Kammervertretern. Alle Kammervertreter und vier von fünf Unternehmer*innen berichten von der rückläufigen Bereitschaft zu ehrenamtlichem Engagement und halten diese Entwicklung für problematisch.

Eine zu zurückhaltende Bekanntmachung der Wahlen sehen viele Unternehmer*innen als Grund für das geringe Interesse. Dabei wird Absicht unterstellt, aber auch eine fehlende Orientierung an der Lebenswirklichkeit in der Migration:

> *Die IHK ist eine Organisation, die in sich selbst bleiben will, sie will niemanden von außen aufnehmen. Sie wollen das essen, was sie selbst kochen. Sie machen die Wahlen nicht gut genug bekannt. Sie verteilen die Wahlunterlagen, aber kündigen dies nicht effektiv an.* (EU-KS-20)

> *Die meisten haben ja jetzt erst mal Briefe nach Hause bekommen, weil ja momentan die Wahlen anstehen, dass die Leute wählen. Und ich gehe davon aus, dass viele diesen Brief sehen und wissen gar nicht: Warum wähle ich jetzt, wen wähle ich wofür? Die meisten wissen das wahrscheinlich gar nicht. Viele Briefe, da denke ich auch, die werden gar nicht, was von der IHK kommt, was wie Werbung aussieht, gelesen werden, wenn es in deutscher Sprache ist.* (EU-KS-01)

Am Wahlverfahren wird bemängelt, dass die Kandidat*innen lediglich knapp in den Wahlunterlagen aufgeführt werden, ohne dass Informationen über ihre Lebensläufe und Ziele bereitgestellt würden. Fehlende Transparenz wird mitunter deutlich kritisiert:

> *Ich kannte davon keinen. Ich habe ehrlicherweise dann ein bisschen gegoogelt und mich für eine Person entschieden, wahrscheinlich einfach nur, um teilzunehmen. Ich habe das aber auch in den folgenden Jahren nicht mehr gemacht, weil wenn ich die Leute nicht kenne, finde ich das immer schwierig, und es kostet mich unheimlich viel Zeit, mich über die Leute zu informieren. Und vor allem das, was man im Internet liest über die Leute, das finde ich immer schwierig, wenn man die nicht kennt.* (NEU-KS-15)

Die Haltungen der Kammern zu diesem Thema variieren. Einige vertreten die Ansicht, dass es ausreichend ist, lediglich die Wahllisten zu veröffentlichen und den Wahlkampf den Kandidat*innen zu überlassen[51] (KV-KS-09, KV-KS-16). Zugleich werden aufgrund gewonnener Einsichten auch neue Wege gesucht, wie im folgenden Zitat deutlich wird:

> *Da ist auch eine Lernkurve. Da gibt es Erfahrungen, dass man Dinge anders macht. Wir haben jetzt auch bei der Wahl 2021/2022 nur Folgendes gehabt: Foto, Zugehörigkeit zur Wahlgruppe und welches Unternehmen. Das werden wir das nächste Mal anders machen. Wir werden irgendwie versuchen, jeder Person ein spezifisches Statement zuzuordnen. Wofür steht die Person? Was will sie in einer Vollversammlung erreichen? Was möchte sie da machen? Schwerpunkt Ausbildung, Industriepolitik, Energiepolitik. Da kann man ja irgendwas machen. […] Das werden wir stärker wieder machen, weil uns aufgefallen ist, dass wir Differenzierungen schaffen müssen zwischen den Kandidaten.* (KV-KS-18)

---

51 Bei 15 von 16 IHKn ist die Weitergabe der Kontaktdaten von Wahlberechtigten (Name, Firma und Anschrift) aus ihrer jeweiligen Wahlgruppe und dem Wahlbezirk an die Kandidat*innen zum Zweck der Wahlwerbung möglich.

Die oben genannten Schwierigkeiten betreffen nicht nur Mitglieder mit Migrationsgeschichte. Jedoch ist aufgrund der schwächer ausgeprägten einschlägigen Netzwerke dieser Personengruppe davon auszugehen, dass die Schwierigkeiten schwerwiegender sind. Die Aussagen in den Interviews zur Rolle von Netzwerken bei der Partizipation unterstreichen diese Annahme. Alle sieben Unternehmer*innen, die in den Kammern engagiert sind, gaben an, dass ihre Kandidatur dank ihrer Netzwerke zustande kam. Mit Ausnahme eines Falls wurden die Personen für eine Kandidatur angesprochen. Bei einer engagierten Person handelte es sich eher um eine gemeinsame Entscheidung innerhalb des Netzwerks, dem sie angehörte (EU-KS-07).

Die Rolle der Netzwerke wird ebenso in den Aussagen von nicht engagierten Unternehmer*innen deutlich. Ein*e Studienteilnehmer*in berichtet, bei den Kammerwahlen abgestimmt zu haben, weil ein Freund kandidierte (NEU-KS-11). Eine andere Person erklärte, dass sie einmal an den Präsenzwahlen einer Kammer teilgenommen habe, nachdem sie eine Einladung erhalten hatte, aber in den folgenden Jahren nicht mehr teilgenommen habe, da sie dort niemanden mehr kannte (NEU-KS-15). Eine weitere Person berichtete, dass sie nie über eine Kandidatur nachgedacht habe, weil niemand sie dazu ermutigt hätte (NEU-KS-21). Diese Äußerungen legen nahe, dass die Stärkung der Netzwerke der Kammern innerhalb der migrantischen Communitys einen bedeutenden Beitrag zur verbesserten Partizipation von Migrant*innen leisten kann.

II.III Interkulturelle Öffnung der Kammern in NRW

Die Frage, inwiefern sich die Kammern an eine superdiverse, migrationsgeprägte Gesellschaft anpassen, kann nicht allein mit Blick auf die Repräsentation von Eingewanderten in Gremien beantwortet werden; interkulturelle Öffnung und Diversitätsfähigkeit beinhalten eine ganze Reihe von Aspekten der Organisationsentwicklung, die mit Blick auf die Kammern angesichts des Teilhabe- und Integrationsgesetzes NRW von großer Bedeutung sind. Das Gesetz beauftragt die Landesbehörden, sich interkulturell zu öffnen (§ 6: Interkulturelle Öffnung der Landesverwaltung), und verpflichtet das Land, außerhalb der Landesverwaltung stehende Institutionen bei der Verwirklichung der interkulturellen Öffnung zu unterstützen (§ 6/4). Die Kammern als Trägerinnen hoheitlicher Aufgaben sind zweifellos eine der wichtigsten Zielgruppen dieses gesetzlichen Auftrags.

In der wissenschaftlichen Literatur zur interkulturellen Öffnung werden verschiedene Modelle und Dimensionen diskutiert. Hier orientieren wir uns an dem Modell von Herbert Schröer, das die interkulturelle Öffnung[52] in drei zentrale Bereiche differenziert: Organisationsverständnis, Personalmanagement sowie Produkt- und Qualitätsmanagement. Unsere Befunde werden im Folgenden entsprechend dieser Gliederung präsentiert.

52 Schröer, H. (2007). Interkulturelle Öffnung und Diversity Management – Konzepte und Handlungsstrategien zur Arbeitsmarktintegration von Migrantinnen und Migranten. Düsseldorf: Zentralstelle für die Weiterbildung im Handwerk e.V. ZWH) sowie Schröer, H. (2007). Interkulturelle Öffnung und Diversity Management. Expertise erstellt im Auftrag der anakonde GbR. München: anakonde GbR.

Interkulturelle Öffnung als Organisationsverständnis

Im Bereich des Organisationsverständnisses umfasst die interkulturelle Öffnung Veränderungen in der Organisationskultur sowie den Einbezug von Netzwerken und Kooperationen mit anderen Institutionen, insbesondere mit Migrant*innenorganisationen. Hierbei liegt der Fokus auf der Führungsebene und den strategischen Entscheidungen. Konzepte, Strategiepapiere und Leitbilder spielen eine bedeutende Rolle bei der Festlegung der Ziele. In der Einleitung wurde bereits darauf verwiesen, dass ein Leitbild unerlässlich sein kann, um Ziele und geeignete Maßnahmen zwischen Gleich- und Sonderbehandlung bestimmter Gruppen auszutarieren.

Eine mögliche Maßnahme besteht darin, Kooperationsvereinbarungen mit Migrant*innenorganisationen einzugehen und gemeinsame Projekte zu beginnen. Zusätzlich werden oft spezialisierte Stellen zur Koordination und zum Monitoring der definierten Öffnungsziele eingerichtet.

In den Interviews unterscheidet sich die Situation zwischen den Wirtschaftskammern und den Kammern der Freien Berufe. IHKn und HWKn gaben an, dass sie über ihre Dachverbände an bundes- oder landesweiten Initiativen zur Förderung von Vielfalt und interkultureller Öffnung beteiligt sind. So wurde die Arbeitgeber*inneninitiative „Charta der Vielfalt“ im Dezember 2006 mit dem Ziel gegründet, die Anerkennung, Wertschätzung und den Einbezug von Vielfalt in der Arbeitswelt in Deutschland voranzubringen. Sie wird von der Beauftragten der Bundesregierung für Migration, Flüchtlinge und Integration unterstützt. Als Unterzeichner*innen nehmen folgende Kammern aus NRW teil:

- IHK Köln (seit September 2007)
- IHK Düsseldorf (seit Juni 2008)
- IHK Aachen (seit März 2009)
- HWK Dortmund (seit Juli 2016)
- HWK Bielefeld (seit August 2020)
- IHK Essen (seit April 2022)
- RAK Düsseldorf (seit Dezember 2022)

Der WHKT ist ebenfalls seit August 2008 Unterzeichner.[53]

Die Partnerinitiative „Erfolgsfaktor Interkulturelle Öffnung. NRW stärkt Vielfalt!“ zielt darauf ab, Institutionen und Unternehmen in NRW zu motivieren, Menschen mit Einwanderungsgeschichte besser einzubinden. Der WHKT (seit März 2018) und die IHK NRW (seit Januar 2017) sind Mitglieder der Initiative. Die Mitglieder führen im Rahmen der Initiative Aktivitäten auf fünf Handlungsfeldern durch:

1. Erhöhung des Anteils der Beschäftigten mit Einwanderungsgeschichte,
2. Stärkung bzw. Förderung der interkulturellen Kompetenz der Beschäftigten,
3. Förderung von Chancengerechtigkeit und Teilhabe,
4. Evaluation, Dokumentation und Kommunikation der Umsetzung des interkulturellen Öffnungsprozesses und
5. Synergieeffekte durch Vernetzung.

Im letzten Bericht[54] der Initiative wird über Aktivitäten des WHKT auf zwei Handlungsfeldern (1 und 2) mit identischem Inhalt wie im Vorjahr berichtet, während die IHK NRW keine Erwähnung findet. Im Vorjahr[55] hatte die IHK NRW auf vier Handlungsfeldern (1, 2, 3 und 5) Projekte vorgestellt, die sich auf geflüchtete Menschen konzentrieren. Anhand der veröffentlichten Berichterstattung ist damit letztendlich unklar, inwiefern die Beteiligung an der Initiative einen nachdrücklichen Impuls für einen Transformationsprozess gibt.

Seitens der Wirtschaftskammern werden diversitätsbezogene Themen zwar betont, jedoch berichten die Interviewpartner von Herausforderungen bei der tatsächlichen Umsetzung. Die Vertreter der Kammern

53 https://www.charta-der-vielfalt.de/, zuletzt aufgerufen am 30.05.2023

54 Ministerium für Kinder, Familie, Flüchtlinge und Integration des Landes Nordrhein-Westfalen (MKFFI) (2021). Partnerinitiative „Erfolgsfaktor Interkulturelle Öffnung – NRW stärkt Vielfalt!“ Broschüre mit den Tätigkeitsberichten der Partner 2019/2020. Düsseldorf: MKFFI.

55 Ministerium für Kinder, Familie, Flüchtlinge und Integration des Landes Nordrhein-Westfalen (MKFFI) (2020). Partnerinitiative „Erfolgsfaktor Interkulturelle Öffnung – NRW stärkt Vielfalt!“ Broschüre mit den Tätigkeitsberichten der Partner 2018/2019. Düsseldorf: MKFFI.

der Freien Berufe hingegen geben an, dass sie keine migrationsbezogenen Konzepte verfolgen. Zwei von ihnen führten explizit aus, dies für nicht erforderlich zu halten.

Bei keiner der interviewten Kammern gab es *institutionell verankerte* Kooperationen mit Migrant*innenorganisationen. So Kooperationen stattfinden, haben sie eher punktuellen Charakter und sind nicht systematisch auf einen längeren Zeitraum angelegt.

Interkulturelle Öffnung als Personalmanagement

Im Personalmanagement beinhaltet die interkulturelle Öffnung das Ziel, die Vielfalt der Gesellschaft in der Personalstruktur abzubilden. Dies bedeutet einerseits die Einstellung von Mitarbeitenden mit Einwanderungsgeschichte und andererseits die Stärkung der interkulturellen Kompetenzen des Personals. Im Gegensatz zur interkulturellen Öffnung als Organisationsverständnis liegt der Fokus im Personalmanagement nicht auf der Führungsebene (Top-down), sondern eher auf der Gestaltung von Veränderungen als Bottom-up-Prozess.

Laut den Aussagen der befragten Kammervertreter gibt es bei ihnen keine spezifischen Verfahren oder Konzepte zur Berücksichtigung interkultureller Kompetenzen bei der Personalauswahl und Personalentwicklung. Ebenso fehlen entsprechende Formulierungen in den Stellenanzeigen, die Menschen mit Einwanderungsgeschichte zur Bewerbung ermutigen sollen. Die Mehrheit der Kammervertreter führt dies auf formale Bedingungen und den bestehenden Fachkräftemangel zurück, da nur wenige Bewerber*innen die formalen Anforderungen der Stellen überhaupt erfüllen können und die Bewerber*innenauswahl nicht weiter reduziert werden soll. Außerdem wird auch von Zurückhaltung der Belegschaft berichtet, die von der Führungsebene angestoßene Veränderungen nicht aufgreift. Diese Problematik scheint vor allem in Kammern mit größeren Belegschaften und entsprechenden Kommunikationsherausforderungen relevant zu sein.

Interkulturelle Öffnung als Produkt- und Qualitätsmanagement

Die Dimension der interkulturellen Öffnung im Bereich des Produkt- und Qualitätsmanagements umfasst die Anpassung von Produkten und Dienstleistungen an die Nutzungsmuster von Migrant*innen. Zu möglichen Maßnahmen gehören mehrsprachige Informations- und Aufklärungsarbeit, die Anpassung von Geschäftszeiten sowie die Durchführung zielgruppenspezifischer Befragungen und Bedarfserhebungen.

In keiner der interviewten Kammern werden derartige Maßnahmen systematisch umgesetzt. Tendenziell zeigt sich eine ablehnende Haltung gegenüber mehrsprachigen Angeboten, wobei aber gelegentlich mehrsprachiges Material bereitgestellt wird, dessen Herstellung jedoch weniger Ergebnis systematischer Überlegungen zur verbesserten Adressierung von Migrant*innen ist; vielmehr entstehen Maßnahmen als Reaktion auf Krisen wie die Fluchtmigration von 2015/16, Corona oder den Ukrainekrieg. Die Wirtschaftskammern berichten, dass sie bei ihrer Öffentlichkeitsarbeit darauf achten, dass die gesellschaftliche Vielfalt visuell sichtbar wird. Die Analyse des SVR zu den Unterstützungsstrukturen für Unternehmer*innen zeigt eine Zurückhaltung gegenüber spezifischen Dienstleistungen für Migrant*innen, eine Haltung, die mit dem Prinzip der gleichberechtigten Behandlung aller Personen aber auch der (schwer handhabbaren) Diversität der Migrant*innen selbst begründet wird.[56] Die folgende Aussage verdeutlicht die Vielfalt der Interessenlagen.

> *Woher sollen wir auch wissen, oder selbst ich als [XXX], welche Hürden Italiener, Spanier, Türken nehmen müssen? Das bekomme ich nicht so richtig mit. [...] Sehr schwierig für mich auch zu beurteilen, was ihnen fehlt.* (EU-KS-03)

Beim Thema Sprache plädiert die Mehrheit der interviewten Unternehmer*innen für Mehrsprachigkeit, während die Mehrheit der Kammervertreter sich hierzu zurückhaltend äußert. Die Befürworter*innen argumentieren, dass Mehrsprachigkeit notwendig ist, um der Vielfalt der

---

56 SVR (2014), S. 14.

Unternehmerschaft gerecht zu werden und die Vertretung der Interessen der Migrant*innen zu gewährleiten. Zwei beispielhafte Aussagen verdeutlichen diese Position:

> *Wir sind hier bunt gemischt und die Unternehmer sind mittlerweile auch bunt gemischt und jeder ist ja der deutschen Sprache leider nicht so mächtig und versteht das, was geschrieben wird. Deswegen wäre es natürlich sehr zum Vorteil.* (EU-KS-01)

> *Wenn du schwer zu verstehen bist, dann kannst du nicht das für diesen Menschen rüberbringen. Zum Beispiel ich komme jetzt in IHK zum Besprechen, er versteht mich auch nicht so, wie ich mich fühle und so.* (NEU-KS-17)

Die Gegenposition hebt die Bedeutung der deutschen Sprache für die berufliche Tätigkeit und die Teilhabe am gesellschaftlichen Leben hervor. Die folgenden Aussagen veranschaulichen diese Sichtweise:

> *Wenn man hier selbständig ist, sollte man ein Mindestmaß an deutscher Sprache beherrschen, spätestens, wenn man mit dem Finanzamt, mit Behörden und so weiter zu tun hat.* (KV-KS-09)

> *Wir fordern ja ein, dass derjenige, der hier im Handwerk arbeitet, sich möglichst auch im Umfeld verständlich machen kann. Dass er das, was der Kunde möchte, versteht. Und deswegen glauben wir, dass diejenigen, die kommen, sich hier zurechtfinden müssen.* (KV-KS-10)

> *Das ist eigentlich gar nicht so gut. Weil wenn man nichts versteht, dann ist man schon gezwungen, wenn man doch ein bisschen an dem Leben teilhaben will, die Sprache zu lernen. Und so ist es zwar gut gemeint, aber der Anreiz fehlt, dann für denjenigen die Sprache zu erlernen.* (EU-KS-03)

Ein weiteres Argument gegen Mehrsprachigkeit rekurriert demgegenüber gerade auf die kulturelle und sprachliche Vielfalt:

> *Für mich gibt es nicht die Zielgruppe, sondern es gibt viele verschiedene. Zwischen einem polnischen Staatsangehörigen und einem syrischen Staatsangehörigen sind so große Unterschiede,*

dass ich dann nicht mit einer Ansprache und einem Angebot hinkomme, sondern ich müsste für jeden ein spezifisches Angebot haben. (KV-KS-10)

Veränderungen in den Beteiligungsstrukturen, den institutionellen Übungen, Abläufen und den Netzwerken der Kammern können den Weg zu einer besseren Beteiligung von Migrant*innen ebnen, wobei ein ganzheitlicher interkultureller Ansatz, der Veränderungen im Organisationsverständnis, im Personalmanagement und im Produkt-/Qualitätsmanagement beinhaltet, auch eine migrationsgesellschaftliche Öffnung über die Gremienbeteiligung hinaus ermöglicht. Dabei dürfte für die Kammern die Herausforderung bestehen, die Förderung von Migrant*innen nicht losgelöst von der Anpassung an wachsende Diversität der Kammermitglieder auch hinsichtlich anderer Merkmale zu betreiben. Interkulturelle Öffnung wird in der Regel im Kontext der Adressierung wachsender Diversität insgesamt erfolgen.

Damit die auf institutioneller Ebene entwickelten Maßnahmen möglichst wirksam sind, ist die Berücksichtigung der zum Teil besonderen Lebenswirklichkeit der migrantischen Selbständigen wichtig. Nachfolgend geben wir einige allgemeine diesbezügliche Hinweise.

III (Einwanderungsbezogene) persönliche Voraussetzungen für Partizipation

In NRW hat ein Drittel der Gesamtbevölkerung und ein Viertel der Unternehmer*innen eine Einwanderungsgeschichte. Dabei ist der Begriff „Einwanderungsgeschichte“ in dieser Verwendung eine statistische Kategorie, die auf die familialen Wurzeln im Ausland abhebt. Diese umfasst tatsächlich Menschen mit unterschiedlichsten Wanderungserfahrungen (oder ohne Wanderungserfahrung), kulturellen Hintergründen, Bildungsständen und sozioökonomischen Lagen, unter denen kein gemeinsames Gruppenbewusstsein besteht. Innerhalb nationaler, sprachlicher, religiöser und kultureller Gruppen existieren wiederum Subgruppen. Zudem können Menschen, die statistisch als Personen mit Einwanderungsgeschichte erfasst werden, sich möglicherweise dessen nicht einmal bewusst sein. Unter diesem Vorbehalt steht auch unsere Auswertung. Eine genauere gruppen- und branchenspezifische Betrachtung bleibt möglichen weiteren Studien vorbehalten.

Im Rahmen dieses Kapitels werden die migrationsbezogenen persönlichen Voraussetzungen untersucht, die eine Beteiligung in den Kammern potenziell erschweren und oben bei der Darstellung der Interviews zum Teil auch schon erwähnt wurden. Im Folgenden werden weitere Interviewaussagen in Beziehung zu offiziellen Statistiken gesetzt.

III.I Ethno-kulturelle Faktoren

In den Interviews wurden diverse migrationsbezogene Herausforderungen angesprochen. Insbesondere Sprachprobleme wurden von einer Vielzahl der Interviewpartner*innen als wichtiges Hindernis für das Engagement genannt. Obwohl Daten zum Sprachniveau von migrantischen Selbständigen nicht vorliegen, lassen sich zumindest Annahmen aus offiziellen Statistiken ableiten. Laut Statistischem Bundesamt haben 701.000 von insgesamt 860.000 Selbständigen mit Einwanderungsgeschichte, was etwa 82 Prozent entspricht, eine persönliche Migrationserfahrung. Insbesondere unter den selbständigen Personen aus Ost- und Südosteuropa, wie zum Beispiel 100.000 von 113.000 Selbständigen aus Polen, 41.000 von 43.000 Selbständigen aus Russland und 10.000 von 11.000 Selbständigen aus Bulgarien, sowie unter den Selbständigen aus asiatischen Ländern (155.000 von 168.000), überwiegen diejenigen mit persönlicher Migrationserfahrung. Darüber hinaus haben etwa zwei Drittel der Unternehmer*innen aus Anwerbeländern der „Gastarbeitermigration" ebenfalls persönliche Migrationserfahrungen gemacht.[57]

Insofern könnte die Einschätzung der Interviewpartner*innen auch in quantitativ-statistischer Hinsicht zutreffen. Die Interviewpartner*innen betonen die Unterschiede zwischen den verschiedenen Einwanderungsgenerationen. Um diese Unterschiede zu veranschaulichen, wird nachfolgend die Aussage eines Kammervertreters zitiert:

> *Aus der ersten Generation kenne ich niemanden bei uns in einem Gremium, Kammerversammlung oder Vorstand sowieso nicht. In der Kammerversammlung oder auch in den Ausschüssen ist, soweit ich weiß, niemand aus der ersten Generation. Womit das zusammenhängt, kann ich nur vermuten. Häufig sind es, glaube ich, Sprachbarrieren, häufig sind das, glaube ich, auch erstmal Probleme, überhaupt am Arbeitsmarkt oder am*

57 Statistisches Bundesamt (2020). Statistischer Bericht: Mikrozensus 2019 – Bevölkerung nach Migrationshintergrund. Tabelle 16I, ZfTI-Berechnungen.

Beschäftigungsmarkt anzukommen und da mit den deutschen Problemen klarzukommen. (KV-KS-16)

In den Interviews wird deutlich, dass die Situation in den Wirtschaftskammern und den Kammern der Freien Berufe unterschiedlich ist. Unter den Mitgliedern der Kammern der Freien Berufe ist der Anteil der Personen mit geringen Deutschkenntnissen eher niedrig, da in den meisten Fällen ein in Deutschland erworbener (oder aber anerkannter) akademischer Abschluss für die Mitgliedschaft erforderlich ist, was zumindest tendenziell zu guten Sprachkenntnissen führen sollte.

Die Herkünfte von Migrant*innen scheinen Einfluss auf ihr Partizipationsverhalten zu nehmen. Einerseits bringen sie Vorwissen mit, das ihre Wahrnehmung der Institutionen in Deutschland prägt. Andererseits prägen auch bestimmte Vorbehalte, Reflexe oder Haltungen das Engagementverhalten. Die folgenden Aussagen von einer engagierten Person und zwei nicht engagierten Personen zeigen Aspekte dieser Problematik:

Also, die Kultur spielt deswegen eine Rolle, weil man das in den Herkunftsländern gar nicht so kennt. Man kennt das nicht in Spanien, Griechenland, Italien, dass es so viele Vereine und Verbände wie in Deutschland gibt. Es ist da schon so ein Randphänomen. Ich kenne ja auch Unternehmer in [Land X] und die sind so wenig organisiert im Vergleich zu einem deutschen Unternehmer. Wenn ich so einen Unternehmer [... aus X] mit einem deutschen oder italienischen vergleiche, dann ist der deutsche Unternehmer in mindestens fünf Vereinen und Verbänden [...] und in den Heimatländern sind die in höchstens zwei. Also deswegen glaube ich, spielt Kultur da eine Rolle. (EU-KS-04)

Wenn das Thema Verein, Verband kommt, wird immer gefragt, was steckt dahinter, also politisch, religiös, was steckt dahinter? Da wird man immer erst einmal sehr vorsichtig... Man möchte da nicht in den falschen Verein, falschen Verband. (NEU-KS-05)

Also, ich glaube, das ist eher wirklich ein bisschen kulturell bedingt oder auch herkunftsbedingt. Wenn jetzt meine Familie

Akademiker wären in [Land X] und wir wären hier hingekommen und ich nicht die erste Akademikerin wäre, vielleicht hätte ich da auch eine andere Einstellung. (NEU-KS-15)

III.II Sozioökonomische Faktoren

Der zeitliche Aufwand, der mit dem gesellschaftlichen Engagement einhergeht, wird erwartungsgemäß häufig als personenbezogene Herausforderung genannt. Obwohl dies auf den ersten Blick kein spezifisches Problem für Migrant*innen zu sein scheint, deuten die Gespräche und die sozioökonomischen Daten der migrantischen Unternehmer*innen darauf hin, dass Zeitmangel hier besonders bedeutend ist.

Die Migration ist zunächst mit einem hohen bürokratischen Aufwand verbunden. Wenn die Migrant*innen keine deutschen Staatsbürger*innen sind, müssen sie bestimmte ausländerrechtliche Kriterien erfüllen und entsprechende Behördengänge erledigen. Darüber hinaus sind weitere bürokratische Hürden zu nehmen, die für Unternehmer*innen im Allgemeinen unumgänglich sind. Angesichts der bereits dargestellten sprachlichen Schwierigkeiten erfordert hier die Beschaffung von Informationen zusätzliche Anstrengungen. Die folgende Aussage verdeutlicht diesen Sachverhalt:

> *Wenn man jetzt nicht aus Nachbarländern kommt, sondern etwas weiter weg, dass man schon viele Hürden hat, weil es gibt einfach viel zu viele organisatorische Dinge zu klären, behördliche Gänge, Visum zu klären. Und anscheinend sind die Unternehmer damit so stark beschäftigt, dass sie keine Zeit mehr haben, sich so zu engagieren.* (EU-KS-03)

Die Branchen- und Kundenstruktur sowie die Betriebsgrößen der migrantischen Unternehmer*innen scheinen auch eine bedeutende Rolle für ihr Partizipationsverhalten zu spielen. Wie oben bereits erwähnt, konzentrieren sich die Unternehmen oft auf zeit- und arbeitsintensive Branchen wie Gastronomie und Lebensmitteleinzelhandel. Dies beansprucht nicht nur viele zeitliche Ressourcen, sondern begrenzt auch die Flexibilität. Die folgende Aussage illustriert diesen Zusammenhang:

> *Natürlich wieder ein großes Hindernis, dass man nicht die Zeit hat. Das sind unsere Arbeitszeiten, die sich treffen, freitagsabends. Das ist unsere Hauptgeschäftszeit zum Beispiel. Wo-*

chenende geht gar nicht. Und dann diese Organisationen bieten sehr viele Sachen, da kann man minimal teilnehmen. Also es ist genug Angebot da, nur die Zeit, die Gastronomie hat andere Zeiten. Ein Ausflug zum Beispiel, ganz einfacher Ausflug, da können wir nicht teilnehmen, weil wir an Wochenenden arbeiten müssen zum Beispiel. Deswegen sind wir nicht richtig dabei. (NEU-KS-02)

Der Anteil von Soloselbständigen unter den migrantischen und nicht migrantischen Unternehmer*innen ist nahezu identisch. Von den 182.000 migrantischen Unternehmer*innen in NRW sind 86.000 (47 Prozent) Soloselbständige. Bei den nordrhein-westfälischen Unternehmer*innen ohne Einwanderungsgeschichte liegt der Anteil bei 46 Prozent (250.000 von 547.000 Personen). Daher scheint der Arbeitgeber*innenstatus auf den ersten Blick kein ausschlaggebender Faktor zu sein, um die geringe Beteiligung in den Kammerstrukturen zu erklären. Es müssen daher weitere Merkmale in Betracht gezogen werden.

Die Arbeitsbelastung von Selbständigen mit und ohne Einwanderungsgeschichte könnte in diesem Kontext von Bedeutung sein. Allerdings zeigen auch hier die Statistiken über die „normalerweise geleistete wöchentliche Arbeitszeit“ keine eindeutigen Tendenzen. Etwa 40 Prozent der selbständigen Migrant*innen arbeiten wöchentlich zwischen 40 und 50 Stunden. Bei den nicht migrantischen Unternehmer*innen liegt dieser Anteil bei ungefähr 32 Prozent. Im Gegensatz dazu arbeiten 31 Prozent der nicht migrantischen Unternehmer*innen mehr als 50 Stunden pro Woche, während dieser Anteil bei den migrantischen Unternehmer*innen nur 25 Prozent beträgt.

Grafik 1a und b: Selbständige mit und ohne Einwanderungsgeschichte mit und ohne Mitarbeitende

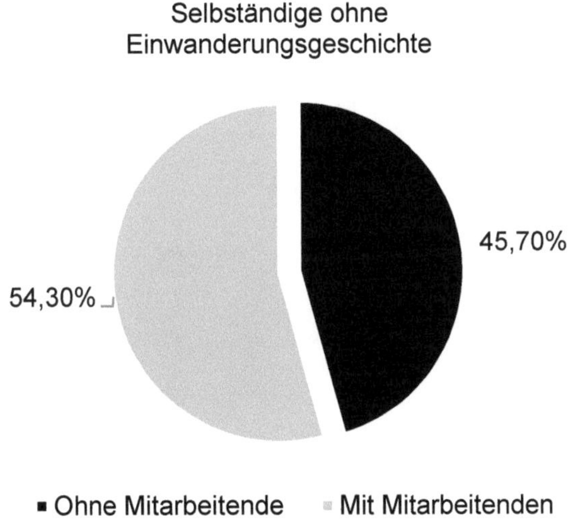

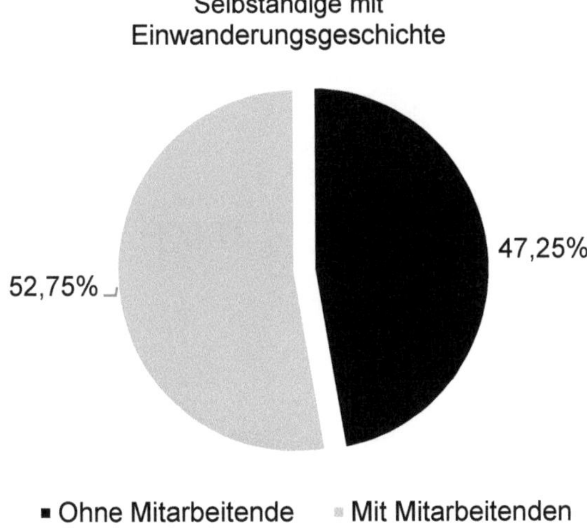

Quelle: IT.NRW 2023, ZfTI-Berechnungen

Grafik 2a und b: Selbständige mit und ohne Einwanderungsgeschichte nach normalerweise wöchentlich geleisteter Arbeitszeit

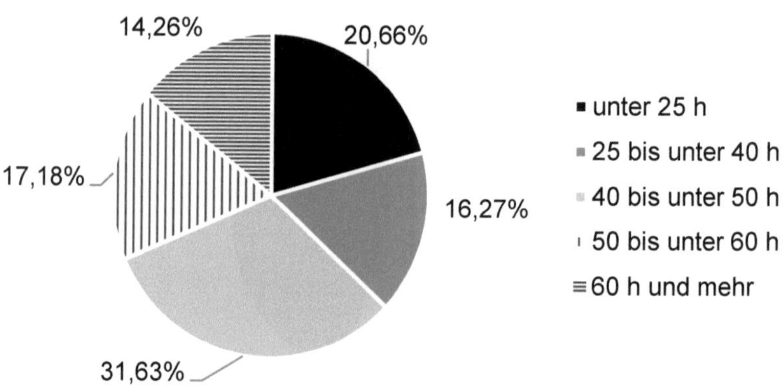

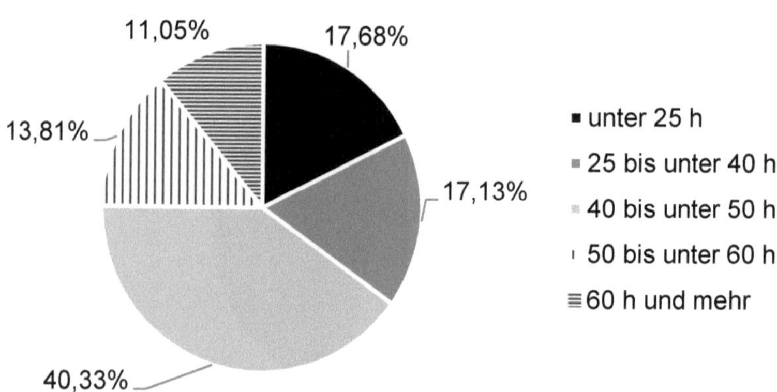

Quelle: IT.NRW 2023, ZfTI-Berechnungen

Obwohl diese grobe statistische Betrachtung keine klaren Hinweise auf Unterschiede in der Arbeitsbelastung zwischen migrantischen und nicht migrantischen Unternehmer*innen liefert, sollte die Bedeutung dieses Faktors nicht ausgeschlossen werden. Eine detaillierte branchen- und herkunftsspezifische Analyse wäre nötig, um belastbare Schlussfolgerungen ziehen zu können. Insofern zeigt sich hier in der Statistik wiederum, dass der sehr breite Ansatz des „Migrationshintergrundes" je nach Fragestellung einer Engführung bedarf, ebenso wie die genauen Zielgruppen interkultureller Öffnung je nach Organisation definiert werden müssen.

Die Familiensituation spielt mit Blick auf Zeitressourcen ebenfalls eine Rolle und kann besonderen Zeitmangel erklären. Es zeigen sich jedoch auch hier kaum Unterschiede hinsichtlich des Familienstatus zwischen migrantischen und nicht migrantischen Unternehmer*innen. Etwa zwei Drittel beider Gruppen sind verheiratet. Dennoch leben Migrant*innen in deutlich größeren Haushalten. 56 Prozent der migrantischen Unternehmer*innen leben in Haushalten mit drei oder mehr Personen, während dies nur auf 40 Prozent der nicht migrantischen Selbständigen zutrifft. Die Verantwortlichkeiten für Personen im Haushalt können eine Ursache für geringe Bereitschaft zum Engagement sein.

Zudem leben 57 Prozent der Selbständigen mit Einwanderungsgeschichte in Haushalten mit Kind(ern), während dieser Anteil bei den nicht migrantischen Unternehmer*innen bei 42 Prozent liegt. Auch dies lässt darauf schließen, dass Familienpflichten viele Migrant*innen davon abhalten können, sich gesellschaftlich zu engagieren.

Grafik 3a und b: Selbständige mit und ohne Einwanderungsgeschichte nach Familienstand

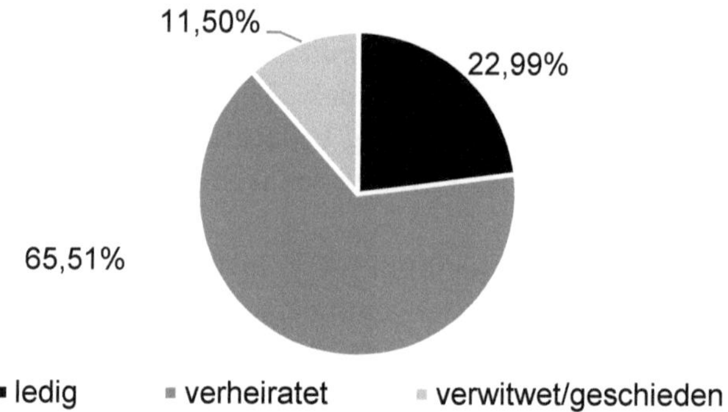

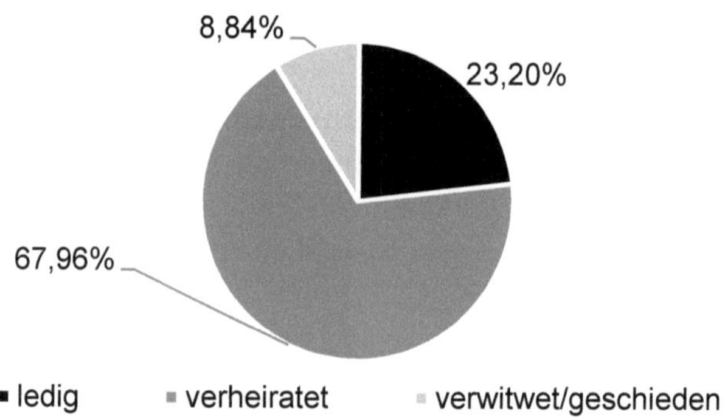

Quelle: IT.NRW 2023, ZfTI-Berechnungen

Grafik 4a und b: Selbständige mit und ohne Einwanderungsgeschichte nach Haushaltsgröße

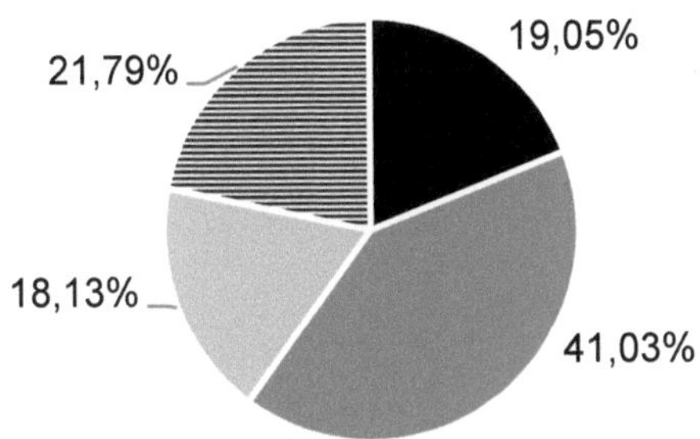

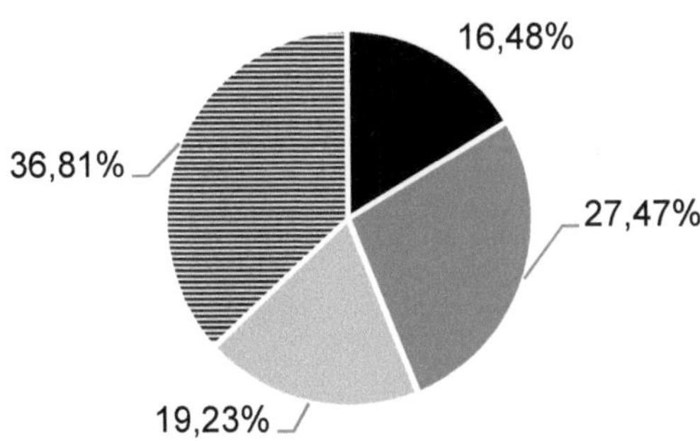

Quelle: IT.NRW 2023, ZfTI-Berechnungen

IV Lösungsansätze

Die im Rahmen der vorliegenden Untersuchung durchgeführten Interviews, Analysen von Gesetzen, Satzungen und Wahlordnungen sowie Literaturrecherchen deuten darauf hin, dass eine Reihe von Maßnahmen ergriffen werden können, um die Beteiligung von Migrant*innen an den Entscheidungen von berufsständischen Körperschaften zu erhöhen. Während einige der im Folgenden aufgeführten Empfehlungen von den meisten Interviewpartner*innen thematisiert wurden, gibt es bei anderen unterschiedliche Sichtweisen oder individuelle Vorschläge. Diese Positionen werden in den entsprechenden Abschnitten detailliert dargelegt. Darüber hinaus wurden bei der Entwicklung von Lösungsvorschlägen die in den vorherigen Kapiteln von den Interviewpartner*innen benannten Schwierigkeiten bezüglich der Partizipation von Migrant*innen in den Kammergremien berücksichtigt und eigene Schlussfolgerungen gezogen.

Informations- und Aufklärungsarbeit

Der Wunsch nach einer besseren Informationspolitik sowie nach Maßnahmen zur Steigerung der Attraktivität der Partizipation in den Kammergremien wurde von nahezu allen Unternehmer*innen geäußert.

Es gibt jedoch auch kritische Anmerkungen zur generellen Wirksamkeit von Informationen, unabhängig von ihrer konkreten Qualität, wie aus der folgenden Aussage eines Kammervertreters hervorgeht:

> *Ich finde immer, das ist auch eine Interessenfrage. Ja, also ich habe nichts dagegen, große Informationskampagnen zu machen. Ich glaube nur, dass das nichts bringt. Es muss eine intrinsische Motivation bestehen, zu sagen, ich will da mitmachen. Dann finde ich auch einen Weg da rein. Aber Sie glauben gar nicht, wie viel Werbung wir machen für diese Vollversammlungswahlen. Und glauben Sie es mir, auch der Anteil der deut-*

schen Unternehmerinnen und Unternehmer ist groß, die gar nicht wissen, dass es das gibt. (KV-KS-18)

Dies deutet darauf, dass die alleinige Informationsarbeit unter Umständen nicht ausreicht, um Migrant*innen zu einer aktiveren Beteiligung zu motivieren. Daher sollte Informationsarbeit als Teil eines breiteren Ansatzes gemeinsam mit anderen Aktivitäten betrieben werden.

Zusammenfassend ergibt sich aus den Interviews die Skizze einer Informationsarbeit, die folgende Qualitäten aufweisen soll:

- Grundlegende Informationen über die Mitgestaltungsmöglichkeiten in den Kammern sollten vermittelt werden und sich nicht nur an Migrant*innen, sondern auch an Klein- und Kleinstbetriebe, Frauen und jüngere Menschen richten.
- Die gezielte Informationsarbeit für Migrant*innen sollte deren sozioökonomische Hintergründe, Sprach- und Wissensdefizite berücksichtigen. In diesem Sinne ist sie eine Art „Aufklärungsarbeit". Diese Aufklärungsarbeit soll die Vorteile des Engagements in den Vordergrund stellen. Um eine bessere Beteiligung von Migrant*innen zu erreichen, ist es notwendig, sie zur aktiven Teilnahme zu „ermutigen". Daher reicht ein rein auf die Bereitstellung von Informationen setzender Ansatz nicht unbedingt aus.

Als Form der Informationsarbeit wurde, neben Formaten wie zentralen Veranstaltungen (z.B. EU-KS-03, NEU-KS-05) und Newslettern (z.B. EU-KS-03, NEU-KS-11), auch persönlicher Austausch (z.B. NEU-KS-13, NEU-KS-17) gewünscht. Ein*e Interviewpartner*in schlägt die Einbindung von in NRW aktiven Konsulaten in Infoveranstaltungen vor, um möglichst viele Unternehmer*innen zu erreichen. (EU-KS-04)

Durch ihre engen Verbindungen zu Berufskollegs haben die Handwerkskammern eine besondere Möglichkeit, die jüngere Generation von Handwerker*innen zu erreichen, von denen viele eine Einwanderungsgeschichte haben. Gleiches gilt für die Kammern der Freien Berufe, die durch ihre verpflichtenden Weiterbildungsangebote die jüngere Generation in diesen Berufsfeldern ansprechen können. Diese bestehenden Verbindungen bieten eine ideale Plattform für einen intensiven Informationsaustausch über die vielfältigen Mitgestaltungsmöglichkeiten in den Kammern.

Kooptationen, Ehrenmitglieder und Sachverständige

Andererseits bieten die Satzungen und Gesetze der Kammern grundsätzlich Möglichkeiten, benachteiligte Gruppen in beratender oder entscheidender Rolle in die Kammergremien einzubeziehen oder ihre Bedürfnisse besonders zu berücksichtigen. Wie bereits oben erwähnt, besteht bei den Wirtschaftskammern die Möglichkeit, Personen indirekt in die Vollversammlungen aufzunehmen, wobei der Rechtsrahmen mitunter eng ist, aber jeweils zu prüfen wäre, ob er weiter ausgeschöpft werden kann.

Je nach Kammer können zwischen vier und 15 Mitglieder in die Vollversammlungen der IHKn kooptiert werden. In den zwölf IHKn in NRW ist in den Wahlordnungen festgelegt, für welche Wahlgruppen bzw. -bezirke kooptierte Mitglieder aufgenommen werden können. Die Nutzung dieser Option zur Einbindung von Migrant*innen in die Kammervollversammlungen wird von den Kammervertretern graduell unterschiedlich bewertet. Obwohl IHK-Vertreter (KV-KS-09, KV-KS-18) den Ansatz ob rechtlicher Bedenken skeptisch sehen, wird er teils aber für im Grunde sinnvoll gehalten (KV-KS-18). Dabei besteht das rechtliche Hindernis darin, wirtschaftliche Besonderheiten, die die Geschäftstätigkeit betreffen, auf persönliche Merkmale von Unternehmer*innen (Migrationshintergrund) zu beziehen.[58] Die Abbildung von Zuwanderung als regionale wirtschaftliche Besonderheit durch Kooptation ist schwerlich mit dem Migrationshintergrund von Kooptierten allein zu begründen. Davon abgesehen, bestehen aber auch Möglichketen der Hinzuziehung beratender Mitglieder.

In den Handwerkskammern besteht die Option, zusätzliche Personen als Sachverständige durch mittelbare Wahl in die Kammervollversammlung aufzunehmen. Ein Kammervertreter hält diesen Weg jedoch für nicht sinnvoll:

58 Siehe in diesem Sinne auch das Urteil des Bundesverwaltungsgerichts vom 16.06.2015 –BVerwG 10 C 14.14 zur Kooptation.

> *Das ist in der Vergangenheit nach unterschiedlichen Kriterien und nicht nach Migrationshintergrund gemacht worden. Migrationshintergrund ist überhaupt kein Thema. Das ist eine Frage der Vorschläge, das setzt aber immer voraus […], dass ich vorher bekannt bin, dass ich irgendwo mitgearbeitet habe. Solche kooptierten Mitglieder sind öfters zum Beispiel von den Unternehmerfrauen im Handwerk oder den Handwerksjunioren oder jemandem, der in einem kleinen Gewerk ist, ein Bestatter, und keinen Platz findet. Da wird gesagt: „Aber das ist wichtig, deswegen wollen wir die Möglichkeit der Mitarbeit einräumen in unserem Parlament." Das sind so Kriterien. Man müsste dann nicht nur jemanden haben, der Migrant ist. Das alleine wäre für mich zu wenig. Sondern jemand, der bekannt ist, dass er in den Strukturen schon mitarbeitet und sich engagiert.* (KV-KS-10)

Ein pragmatischer Ansatz zur Förderung der Beteiligung von Migrant*innen in den Vollversammlungen der Wirtschaftskammern wäre die Hinzuziehung von Vertreter*innen von auf die jeweilige Region bezogenen Migrant*innenorganisationen, die mehr oder weniger mit den Kammerstrukturen verflochten sein können und entsprechende Unternehmer*inneninteressen repräsentieren. Dieser Ansatz wäre auch deshalb pragmatisch, weil sich die Frage der rechtlichen Definition von „Migrant*innen" nicht stellen würde und zugleich davon auszugehen wäre, dass die Interessen und Probleme von für den Kammerbezirk relevanten Unternehmer*innen in die Gremien einfließen würden. Auch hinge die Hinzuziehung nicht an den persönlichen Merkmalen des kooptierten, sachverständigen oder beratenden Gremienmitglieds.

Im Gegensatz zu den Wirtschaftskammern besteht bei den Kammern der Freien Berufe in der Regel keine Möglichkeit der Kooptation. Auch in den Vorständen der Rechtsanwaltskammern ist eine Kooptation nicht vorgesehen, jedoch bietet die Wahlordnung der RAK Köln eine interessante Möglichkeit, indem sie die Einreichung von Wahlvorschlägen durch örtliche Anwaltsvereine zulässt. Diese Einbindung von Vereinen in die Kammerarbeit könnte auch hier ein vielversprechendes Modell für die Integration von Migrant*innen sein, indem Netzwerke und Ressourcen miteinander verknüpft werden, um eine umfassendere Repräsentation zu fördern.

Stärkung der Zusammenarbeit mit Migrant*innenorganisationen

Unabhängig von den oben angestellten Überlegungen zur Gremieneinbindung sind die enge Zusammenarbeit mit Migrant*innenorganisationen und die Einbindung von migrantischen Wirtschaftsorganisationen in die Aktivitäten der Kammern sinnvoll, um Interessen breiter in die Kammern zu kommunizieren. Die vorliegende Studie hat herausgearbeitet, dass es nicht zuletzt mangelndes Sozialkapital und fehlende Netzwerke sind, die der Mitbestimmung von Migrant*innen in den Kammern entgegenstehen, und umso wichtiger ist es, diejenigen Netzwerke, die bestehen, in die Arbeit der Kammern zu integrieren.

Eine grundsätzlichere Möglichkeit wäre, solche Vereinigungen ebenso wie Vereine von Klein- und Kleinstbetrieben, jungen Unternehmer*innen oder Frauen als akkreditierte Organisationen in die Kammern aufzunehmen und ihnen mindestens einen Sitz in der Kammervollversammlung zu ermöglichen, vorausgesetzt, sie bringen eine bestimmte Anzahl von Mitgliedern zusammen. Ein solcher Ansatz würde Gesetzesänderungen auf Landes- und Bundesebene erfordern, könnte aber die Teilhabe und Repräsentation stärken. Eine entsprechende Reform stünde auch im Einklang mit Artikel 28 der NRW-Landesverfassung, welcher die Förderung von Klein- und Kleinstbetrieben vorsieht.

Interkulturelle Öffnung strategisch planen

Das Teilhabe- und Integrationsgesetz verpflichtet das Land, Institutionen außerhalb der Landesverwaltung bei der Umsetzung ihrer interkulturellen Öffnung zu unterstützen.

Die Gespräche mit den Kammerverwaltungen haben gezeigt, dass die Veränderungen im Sinne der interkulturellen Öffnung insbesondere in Zeiten großer Krisen (Flucht, Coronakrise, Ukrainekrieg) oft unter Zeitdruck, anlassbezogen und wenig strategisch erfolgen. Es ist daher ratsam, eine umfassende Bestandsaufnahme durchzuführen, um den aktuellen Stand der interkulturellen Öffnung der Kammern zu erheben und die zentralen Handlungsfelder zu identifizieren.

Im Falle der Kammern der Heilberufe in NRW ist in Bezug auf die Geschlechterparität ein wichtiger Aspekt von Diversitätsförderung gesetzlich verankert. Entsprechend stellt sich die politische Frage nach einer weitergehend verpflichtenden diversitätsorientierten Besetzung von Stellen und Gremien in den Kammern, etwa im Rahmen einer Ergänzung des Teilhabe- und Integrationsgesetzes NRW.

Eine mögliche Maßnahme zur Förderung der interkulturellen Öffnung und zur Erfüllung des Wunschs von Unternehmer*innen nach direktem persönlichen Austausch wäre die Einstellung bzw. Einrichtung einer speziell zuständigen Person bzw. Stelle in den Kammern, die die Aktivitäten für Migrant*innen bündelt und als Ansprechpartner*in fungiert. Diese Person/Stelle könnte als Türöffner dienen und den Kontakt zwischen Migrant*innen und Kammer erleichtern. Ein Kammervertreter (KV-KS-18) berichtet, dass bereits Ansätze für bestimmte Gruppen in diese Richtung umgesetzt wurden. Bei der Konzeption und Planung solcher Maßnahmen bevorzugen die Kammervertreter subsidiäre Lösungen, die in den bestehenden Kammerstrukturen verankert sind (KV-KS-09, -10, -18, -19).

Beseitigung auch unspezifischer Partizipationsbarrieren

Einige Beteiligungsstrukturen der Kammern wie der notwendige Umfang der Unterstützung von Kandidaturen, andere Voraussetzungen für die Kandidatur, Ladungsfristen, Präsenzpflichten und ggf. Aufwandsentschädigungen sind generell zu nehmende Hürden für die regelmäßige Beteiligung in den Kammern, für Migrant*innen aufgrund ihrer spezifischen Voraussetzungen aber tendenziell besonders schwer zu überwinden. Ein Absenken solcher Hürden erhöht damit die Beteiligungschancen vor allem von Migrant*innen. Bemerkenswert ist dabei, dass diese Barrieren in unterschiedlichen Kammertypen und auch innerhalb eines Kammertyps in NRW sehr unterschiedlich ausgeprägt sein können. Insofern könnte zudem ein systematischer Erfahrungsaustausch zwischen den Kammern, der Beteiligungsstrukturen thematisiert, mittel- und langfristig zur interkulturellen Öffnung beitragen.

Literatur- und Quellenverzeichnis

Bennett, R. J. (2017). Stabilität und Wandel der britischen Industrie- und Handelskammern. In: Sack, D. (Hrsg.): Wirtschaftskammern im europäischen Vergleich. Wiesbaden: Springer VS, S. 55-86.

Griese, C., Marburger, H. (2012). Interkulturelle Öffnung: Ein Lehrbuch. Wiesbaden: Springer VS.

IT.NRW (2023). Sonderauswertung: Selbstständige in Nordrhein-Westfalen 2020 bis 2022 nach Migrationsstatus sowie ausgewählten weiteren Merkmalen.

Kay, R., Nielen, S. (2020). Ausländische Staatsangehörige als Gründer in NRW zwischen 2003 und 2018. Gütersloh: Bertelsmann Stiftung.

Kluth, W. (2019). Öffentliches Wirtschaftsrecht – Grundrisse des Rechts. München: C.H. Beck-Verlag.

Kuckartz, U. (2018). Qualitative Inhaltsanalyse. Methoden, Praxis, Computerunterstützung. Weinheim: Beltz Juventa.

Leicht, R., Philipp, R., Woywode, M. (2021). Migrantische Ökonomie: Berufliche Selbständigkeit und Unternehmen von Migrantinnen und Migranten in Deutschland. Expertise für die Beauftragte der Bundesregierung für Migration, Flüchtlinge und Integration. Mannheim: Universität Mannheim, Institut für Mittelstandsforschung (ifm).

Liebau, E., Humpert, A., Schneiderheinze, K. (2018). Wie gut funktioniert das Onomastik-Verfahren? Ein Test am Beispiel des SOEP-Datensatzes. In: SOEP-Papers, Nr. 976(1), S. 1-26.

Ministerium für Kinder, Familie, Flüchtlinge und Integration des Landes Nordrhein-Westfalen (MKFFI) (2020). Partnerinitiative „Erfolgsfaktor Interkulturelle Öffnung – NRW stärkt Vielfalt!“ Broschüre mit den Tätigkeitsberichten der Partner 2018/2019. Düsseldorf: MKFFI.

Ministerium für Kinder, Familie, Flüchtlinge und Integration des Landes Nordrhein-Westfalen (MKFFI) (2021). Partnerinitiative „Erfolgsfaktor Interkulturelle Öffnung – NRW stärkt Vielfalt!“ Broschüre mit den Tätigkeitsberichten der Partner 2019/2020. Düsseldorf: MKFFI.

Pilgrim, M., Meier, R. (1995). National Chambers Of Commerce: A Primer On The Organization and Role of Chamber Systems. Washington: Center for International Private Enterprise (CIPE).

Ramirez, E. (2022). Latino Entrepreneur Chamber of Commerce Membership. Dissertation Submitted to School of Business and Management at California Southern University.

Sachs, A. (2020). Migrantenunternehmen in Deutschland zwischen 2005 und 2018: Ausmaß, ökonomische Bedeutung und Einflussfaktoren auf Ebene der Bundesländer. Gütersloh: Bertelsmann Stiftung.

Sachverständigenrat deutscher Stiftungen für Integration und Migration (SVR) (2014). Wirtschaftliche Selbstständigkeit als Integrationsstrategie: Eine Bestandsaufnahme der Strukturen der Integrationsförderung in Deutschland. Berlin: SVR.

Sack, D. (2017). Institutioneller Wandel europäischer Chambers of Commerce im Vergleich – Fazit. In: Sack, D. (Hrsg.): Wirtschaftskammern im europäischen Vergleich. Wiesbaden: Springer VS, S. 407-421.

Sack, D., Schroeder, W. (2017). Die Industrie- und Handelskammern im politischen System Deutschlands. In: Schroeder, W., Weßels, B. (Hrsg.): Handbuch Arbeitgeber- und Wirtschaftsverbände in Deutschland. Wiesbaden: Springer VS, S. 85-109.

Sasse, E., Habisch, A. (Hrsg.). (2021). The German Chambers of Commerce and Industry. Self-governance, Service, the General Representation of Interests and the Dual System of Professional Education. Berlin: Springer Nature.

Schroeder, W., Weßels, B. (Hrsg.). (2017). Handbuch Arbeitgeber- und Wirtschaftsverbände in Deutschland. Wiesbaden: Springer VS.

Schröer, H. (2007). Interkulturelle Öffnung und Diversity Management. Expertise erstellt im Auftrag der anakonde GbR. München: anakonde GbR.

Schröer, H. (2007). Interkulturelle Öffnung und Diversity Management – Konzepte und Handlungsstrategien zur Arbeitsmarktintegration von Migrantinnen und Migranten. Düsseldorf: Zentralstelle für die Weiterbildung im Handwerk e.V. (ZWH).

Shrikant, N. (2015). The Discursive Construction of Race as a Professional Identity Category in Two Texas Chambers of Commerce. In:

International Journal of Business Communication, Nr. 55(1), S. 94-111.

Silvia, S. J. (2017). Mitgliederentwicklung und Organisationsstärke der Unternehmerverbände. In: Schroeder, W., Weßels, B. (Hrsg.): Handbuch Arbeitgeber- und Wirtschaftsverbände in Deutschland. Wiesbaden: Springer VS, S. 249-266.

Statistisches Bundesamt (2020). Statistischer Bericht: Mikrozensus 2019 – Bevölkerung nach Migrationshintergrund.

Statistisches Bundesamt (2023): Mikrozensus 2022 – Bevölkerung nach Migrationshintergrund.

T.C. Cumhurbaşkanlığı Devlet Denetleme Kurulu [Staatsprüfungsamt der Republik Türkei]. (2009). Kamu Kurumu Niteliğindeki Meslek Kuruluşlarının Teşkilat ve Mali Yapıları, Denetimleri, Organlarının Seçimlerine Dair Esasların Değerlendirilmesi ile Bunların Etkin ve Verimli Şekilde Hizmet Yürütmelerinin ve Geliştirilmesinin Sağlanması Amacıyla Alınması Gereken Tedbirler [Organisatorische und finanzielle Struktur von berufsständischen Körperschaften: Analyse der Wahlmethoden ihrer Organe und Maßnahmen zur Verbesserung der effizienten Umsetzung und Entwicklung ihrer Dienstleistungen]. Ankara: Devlet Denetleme Kurulu.

Van Elten, K. (2018). Profession und Selbstverwaltung – Die Legitimationspolitik von Wirtschafts- und Berufskammern. Wiesbaden: Springer VS.

Gesetze und Verordnungen

Bundesrechtsanwaltsordnung (BRAO)
Gesetz zur Ordnung des Handwerks (Handwerksordnung – HwO)
Gesetz zur vorläufigen Regelung des Rechts der Industrie- und Handelskammern (IHKG)
Gesetz über die Architektenkammer Nordrhein-Westfalen und die Ingenieurkammer-Bau Nordrhein-Westfalen (Baukammerngesetz – BauKaG NRW)
Gesetz über die Industrie- und Handelskammern im Lande Nordrhein-Westfalen (IHKG)
Heilberufsgesetz (HeilBerG)
Steuerberatungsgesetz (StBerG)
Wahlordnung für die Wahlen der Mitglieder der Vollversammlung der Handwerkskammern (Anlage C zu dem Gesetz zur Ordnung des Handwerks (Handwerksordnung)) (HwWahlO)
Wahlordnung für die Wahl zu den Kammerversammlungen der Heilberufskammern

Satzungen

Hauptsatzung der Apothekerkammer Nordrhein
Hauptsatzung der Apothekerkammer Westfalen-Lippe
Hauptsatzung der Architektenkammer Nordrhein-Westfalen
Hauptsatzung der Ingenieurkammer-Bau NRW
Hauptsatzung der Tierärztekammer Nordrhein
Hauptsatzung der Tierärztekammer Westfalen-Lippe
Hauptsatzung der Zahnärztekammer Nordrhein
Hauptsatzung der Zahnärztekammer Westfalen-Lippe
Satzung der Ärztekammer Nordrhein
Satzung der Ärztekammer Westfalen-Lippe
Satzung der Bergischen Industrie- und Handelskammer Wuppertal-Solingen-Remscheid
Satzung der Handwerkskammer Aachen
Satzung der Handwerkskammer Dortmund
Satzung der Handwerkskammer für den Regierungsbezirk Düsseldorf
Satzung der Handwerkskammer Münster
Satzung der Handwerkskammer Ostwestfalen-Lippe zu Bielefeld
Satzung der Handwerkskammer zu Köln
Satzung der IHK Mittleres Ruhrgebiet
Satzung der Industrie- und Handelskammer Aachen
Satzung der Industrie- und Handelskammer Arnsberg, Hellweg-Sauerland
Satzung der Industrie- und Handelskammer Bonn/Rhein-Sieg
Satzung der Industrie- und Handelskammer für Essen, Mülheim an der Ruhr, Oberhausen zu Essen
Satzung der Industrie- und Handelskammer Lippe zu Detmold
Satzung der Industrie- und Handelskammer Mittlerer Niederrhein
Satzung der Industrie- und Handelskammer Nord Westfalen
Satzung der Industrie- und Handelskammer Ostwestfalen zu Bielefeld
Satzung der Industrie- und Handelskammer zu Dortmund
Satzung der Industrie- und Handelskammer zu Düsseldorf
Satzung der Industrie- und Handelskammer zu Köln

Satzung der Niederrheinischen Industrie- und Handelskammer Duisburg-Wesel-Kleve zu Duisburg

Satzung der Südwestfälischen Industrie- und Handelskammer zu Hagen

Satzung der Steuerberaterkammer Düsseldorf

Satzung der Steuerberaterkammer Köln

Satzung der Steuerberaterkammer Westfalen-Lippe

Wahlordnungen

Wahlordnung der Bergischen Industrie- und Handelskammer Wuppertal-Solingen-Remscheid

Wahlordnung der Handwerkskammer Aachen

Wahlordnung der Handwerkskammer Dortmund

Wahlordnung der Handwerkskammer für den Regierungsbezirk Düsseldorf

Wahlordnung der Handwerkskammer Münster

Wahlordnung der Handwerkskammer Ostwestfalen-Lippe zu Bielefeld

Wahlordnung der Handwerkskammer zu Köln

Wahlordnung der IHK Mittleres Ruhrgebiet

Wahlordnung der Industrie- und Handelskammer Aachen

Wahlordnung der Industrie- und Handelskammer Arnsberg, Hellweg-Sauerland

Wahlordnung der Industrie- und Handelskammer Bonn/Rhein-Sieg

Wahlordnung der Industrie- und Handelskammer für Essen, Mülheim an der Ruhr, Oberhausen zu Essen

Wahlordnung der Industrie- und Handelskammer Lippe zu Detmold

Wahlordnung der Industrie- und Handelskammer Mittlerer Niederrhein

Wahlordnung der Industrie- und Handelskammer Nord Westfalen

Wahlordnung der Industrie- und Handelskammer Ostwestfalen zu Bielefeld

Wahlordnung der Industrie- und Handelskammer zu Dortmund

Wahlordnung der Industrie- und Handelskammer zu Düsseldorf

Wahlordnung der Industrie- und Handelskammer zu Köln

Wahlordnung der Niederrheinischen Industrie- und Handelskammer Duisburg-Wesel-Kleve zu Duisburg

Wahlordnung der Südwestfälischen Industrie- und Handelskammer zu Hagen

Wahlordnung der Steuerberaterkammer Düsseldorf

Wahlordnung der Steuerberaterkammer Köln

Wahlordnung der Steuerberaterkammer Westfalen-Lippe
Wahlordnung der Architektenkammer Nordrhein-Westfalen
Wahlordnung zur Vertreterversammlung der Ingenieurkammer-Bau
Wahlordnung zur Wahl der Vertreter der Rechtsanwaltskammer Düsseldorf in der Satzungsversammlung
Wahlordnung zur Wahl der Mitglieder des Vorstands der Rechtsanwaltskammer Düsseldorf
Wahlordnung zur Wahl der Vertreter in der Satzungsversammlung der Rechtsanwaltskammer für den Oberlandesgerichtsbezirk Hamm
Wahlordnung zur Wahl der Mitglieder des Vorstands der Rechtsanwaltskammer für den Oberlandesgerichtsbezirk Hamm
Wahlordnung zur Wahl der Vorstandsmitglieder aus dem Bezirk der Rechtsanwaltskammer Köln

Anhang

Gesprächsleitfaden Interviews mit den Kammerleitungen

Repräsentation von Migrantinnen und Migranten in den Selbstverwaltungsgremien der Kammern in NRW

Sehr geehrte Damen und Herren,

die berufsständischen Vereinigungen übernehmen als Körperschaften des öffentlichen Rechts und als Interessenvertretungen zentrale gesellschaftliche Funktionen. Die Einbindung der Unternehmer*innen mit Einwanderungsgeschichte in diesen Strukturen ist eine zentrale Aufgabe von wirtschaftlicher und gesellschaftlicher Bedeutung insbesondere im Hinblick auf ihre stetig steigende Zahl unter den Selbständigen.

Mit unserer Studie möchten wir die Frage beantworten, wie die Partizipation von Unternehmer*innen mit Einwanderungsgeschichte in den Kammern gefördert werden kann. Die Studie wird vom Ministerium für Wirtschaft, Industrie, Klimaschutz und Energie (MWIKE NRW) finanziert und vom Ministerium für Kinder, Jugend, Familie, Gleichstellung, Flucht und Integration (MKJFGFI NRW) fachlich begleitet.

Anhand dieses Expert*inneninterviews möchten wir ein aktuelles Bild über das Engagement von Migrant*innen in den berufsständischen Körperschaften zeichnen und mit Ihnen Handlungsempfehlungen zur Förderung der Beteiligung von Menschen mit Einwanderungsgeschichte in den Kammerstrukturen entwickeln. Die Studie wird voraussichtlich im Juni 2023 abgeschlossen.

Dauer und Form des Interviews

Das Gespräch dauert ca. 60 Min. und wird leitfadengestützt durchgeführt.

Welche Fragen?

Es werden Fragen zum Engagement von Migrant*innen in Kammergremien sowie zur interkulturellen Öffnung Ihrer Kammer gestellt. Thematisiert werden die hinderlichen und förderlichen Faktoren bezüglich des Engagements von Migrant*innen sowie Ihre Veränderungs- und Verbesserungsvorschläge.

Anonymität

Die Ergebnisse der Interviews werden aufgezeichnet, transkribiert und anonym ausgewertet. Die Aufzeichnung wird nach der Transkription gelöscht. Ihre Antworten werden nicht mit Ihrer Person oder Institution in Verbindung gebracht. Sie bleiben absolut anonym. Die Aufzeichnung erfolgt nach Ihrer Einwilligung. Das Einwilligungsformular und die datenschutzrechtlichen Informationen finden Sie unter folgendem Link: https://www.zfti.de/experteninterviews-kammerstudie

Fragen*

1. Block: Migrant*innen in den Kammergremien (Mitgestaltungsmöglichkeiten, Beteiligung in Selbstverwaltungsgremien)
   - Wie beurteilen Sie die Beteiligung von Menschen mit Migrationsgeschichte in den Kammergremien? (Vollversammlung, Präsidium, Ausschüsse)
   - Welche förderlichen und hinderlichen Faktoren für Engagement innerhalb der Kammer spielen für die Situation eine Rolle?

- Inwieweit beeinflussen einwanderungsbezogene Faktoren (Sprache...) Engagementperspektiven in der Kammer?
- Inwieweit beeinflussen einwanderungsbezogene Branchenspezifika Engagementperspektiven in der Kammer?
- Welche Handlungsbedarfe sehen Sie diesbezüglich?
- Wie kann das Engagement von Mitgliedern mit Einwanderungsgeschichte in den Kammergremien gefördert werden?

2. Block: Interkulturelle Öffnung als Organisationsverständnis (interkulturelle Öffnung als Top-down-Prozess, Integrations- und Partizipationskonzepte, Willkommenskultur, Netzwerke, Kooperationsvereinbarungen, Rolle von Schlüsselpersonen, Gleichbehandlung/Ungleichbehandlung)

   - Ist die Interkulturalität im Selbstverständnis Ihrer Kammer in Form eines Leitbilds oder eines Konzepts verankert?
   - Gibt es Zielvorgaben seitens der Leitung im Hinblick auf interkulturelle Öffnung/interkulturelle Orientierung?
   - Über welche migrationsbezogenen Kooperationen/Netzwerke verfügen Sie?

3. Block: Interkulturelle Öffnung im Personalmanagement (interkulturelle Öffnung als Bottom-up-Prozess, Migrant*innen auf verschiedenen Ebenen der Verwaltungshierarchie)

   - Welchen Stellenwert hat die Erweiterung der interkulturellen Kompetenzen Ihrer Belegschaft? Welche Maßnahmen setzen Sie diesbezüglich um?
   - Haben Sie Strategien, um Migrant*innen als Mitarbeiter*innen zu gewinnen?
   - Wie wichtig sind interkulturelle Kompetenzen für die erfolgreiche Arbeit in Ihrer Kammer?

4. Block: Interkulturelle Öffnung im Produkt- und Qualitätsmanagement
   (Berücksichtigung spezifischer Bedürfnisse, Planungsgremien, Nutzerbefragungen bzw. -statistiken, Sichtbarkeit von Migrant*in-

nen in der Öffentlichkeitsarbeit, Anpassung der Produkte und Dienstleistungen, Mehrsprachigkeit)

- Inwieweit und durch welche Maßnahmen verfügen Sie über Wissen über die Bedürfnisse der migrantischen Zielgruppe? Erfolgte eine Anpassung der Angebote an die Nutzungsmuster von Migrant*innen (Öffnungszeiten, Sprachen, Einsatz von Schlüsselpersonen)?
- Führen Sie gruppenspezifische Informationsarbeit durch?

5. Block: Empfehlungen
   (Wünsche bezüglich interkultureller Öffnung und Kooperationen, Kommunikation und Information, Positivbeispiele, Dos und Don´ts)

- Können Sie mir positive Erfahrungen, vielleicht aber auch Misserfolge Ihrer Versuche zur interkulturellen Öffnung berichten?
- Gibt es weitere Themen, die Sie noch gern ansprechen möchten?

* Die Fragen hinter den Bulletpoints werden explizit gestellt; ggf. werden die Stichpunkte in den Fragenblöcken nachgefragt, so sich ihre Beantwortung nicht aus dem Gespräch ergibt.

Gesprächsleitfaden Interviews engagierte Kammermitglieder

Repräsentation von Migrantinnen und Migranten in den Selbstverwaltungsgremien der Kammern in NRW

Guten Tag,

die berufsständischen Vereinigungen übernehmen als Körperschaften des öffentlichen Rechts und als Interessenvertretungen zentrale gesellschaftliche Funktionen. Die Einbindung der Unternehmer*innen mit Einwanderungsgeschichte in diesen Strukturen ist eine zentrale Aufgabe von wirtschaftlicher und gesellschaftlicher Bedeutung insbesondere im Hinblick auf ihre stetig steigende Zahl unter den Selbständigen.

Mit unserer Studie möchten wir die Frage beantworten, wie die Partizipation von Unternehmer*innen mit Einwanderungsgeschichte in den Kammern gefördert werden kann. Die Studie wird vom Ministerium für Wirtschaft, Industrie, Klimaschutz und Energie (MWIKE NRW) finanziert und vom Ministerium für Kinder, Jugend, Familie, Gleichstellung, Flucht und Integration (MKJFGFI NRW) fachlich begleitet.

Anhand dieses Expert*inneninterviews möchten wir ein aktuelles Bild über das Engagement von Migrant*innen in den berufsständischen Körperschaften zeichnen und mit Ihnen Handlungsempfehlungen zur Förderung der Beteiligung von Menschen mit Einwanderungsgeschichte in den Kammerstrukturen entwickeln. Die Studie wird voraussichtlich im Juni 2023 abgeschlossen.

Dauer und Form des Interviews

Das Gespräch dauert ca. 30 Min. und wird leitfadengestützt durchgeführt.

Welche Fragen?

Es werden Fragen zu Ihren persönlichen Engagementerfahrungen gestellt. Die hinderlichen und förderlichen Faktoren bezüglich Engagement sowie Ihre Veränderungs- und Verbesserungsvorschläge werden thematisiert.

Anonymität

Die Ergebnisse der Interviews werden aufgezeichnet, transkribiert und anonym ausgewertet. Die Aufzeichnung wird nach der Transkription gelöscht. Ihre Antworten werden nicht mit Ihrer Person oder Institution bzw. Firma in Verbindung gebracht. Sie bleiben absolut anonym. Die Aufzeichnung erfolgt nach Ihrer Einwilligung. Das Einwilligungsformular und die datenschutzrechtlichen Informationen finden Sie unter folgendem Link: https://www.zfti.de/experteninterviews-kammerstudie

Fragen*

1. Block: Voraussetzungen und Motive
   (eigene Interessenlagen, Netzwerke, Abwägungen für und gegen Engagement bezogen auf die Kammer)
   - Was hat Sie dazu gebracht, sich in einer Kammer zu engagieren?
   - Welche Vor- und Nachteile hat das Engagement für Sie?
2. Block: Institutionelle Ebene
   (Mehrsprachigkeit, Willkommenskultur, Rolle von Schlüsselpersonen, Personalstruktur, Außendarstellung)
   - Wie beurteilen Sie die Beteiligung von Menschen mit Migrationsgeschichte in den Kammergremien? (Vollversammlung, Präsidium, Ausschüsse)
   - Welche förderlichen und hinderlichen Faktoren für Engagement innerhalb der Kammer spielen für die Situation eine Rolle?

3. Block: Spezifische Anforderungen des Engagements (Branchen, Unternehmensgröße, Diskriminierungserfahrungen …)
   - Inwieweit beeinflussen einwanderungsbezogene Faktoren (Sprache …) Engagementperspektiven in der Kammer?
   - Inwieweit beeinflussen einwanderungsbezogene Branchenspezifika Engagementperspektiven in der Kammer?
4. Block: Interessenvertretung (angenommene einwanderungsbezogene Interessen, Berührungsängste, Behörde vs. Interessenvertretung)
   - Inwieweit gelingt es Ihrer Kammer, gesellschaftliche Vielfalt in Ihrer Interessenvertretung zu berücksichtigen?
   - Welche Handlungsbedarfe sehen Sie diesbezüglich?
5. Block: Empfehlungen (Wünsche bezüglich interkultureller Öffnung und Kooperationen, Kommunikation und Information, Positivbeispiele, Dos und Don´ts)
   - Wie kann das Engagement von Mitgliedern mit Einwanderungsgeschichte in den Kammergremien gefördert werden?
   - Gibt es weitere Themen, die Sie noch ansprechen möchten?

* Die Fragen hinter den Bulletpoints werden explizit gestellt; ggf. werden die Stichpunkte in den Fragenblöcken nachgefragt, so sich ihre Beantwortung nicht aus dem Gespräch ergibt.

Gesprächsleitfaden Interviews nicht engagierte Kammermitglieder

Repräsentation von Migrantinnen und Migranten in den Selbstverwaltungsgremien der Kammern in NRW

Guten Tag,

die berufsständischen Vereinigungen übernehmen als Körperschaften des öffentlichen Rechts und als Interessenvertretungen zentrale gesellschaftliche Funktionen. Die Einbindung der Unternehmer*innen mit Einwanderungsgeschichte in diesen Strukturen ist eine zentrale Aufgabe von wirtschaftlicher und gesellschaftlicher Bedeutung insbesondere im Hinblick auf ihre stetig steigende Zahl unter den Selbständigen.

Mit unserer Studie möchten wir die Frage beantworten, wie die Partizipation von Unternehmer*innen mit Einwanderungsgeschichte in den Kammern gefördert werden kann. Die Studie wird vom Ministerium für Wirtschaft, Industrie, Klimaschutz und Energie (MWIKE NRW) finanziert und vom Ministerium für Kinder, Jugend, Familie, Gleichstellung, Flucht und Integration (MKJFGFI NRW) fachlich begleitet.

Anhand dieses Expert*inneninterviews möchten wir ein aktuelles Bild über das Engagement von Migrant*innen in den berufsständischen Körperschaften zeichnen und mit Ihnen Handlungsempfehlungen zur Förderung der Beteiligung von Menschen mit Einwanderungsgeschichte in den Kammerstrukturen entwickeln. Die Studie wird voraussichtlich im Juni 2023 abgeschlossen.

Dauer und Form des Interviews

Das Gespräch dauert ca. 30 Min. und wird leitfadengestützt durchgeführt.

Welche Fragen?

Es werden Fragen zu Ihren persönlichen Engagementerfahrungen gestellt. Die hinderlichen und förderlichen Faktoren bezüglich Engagement sowie Ihre Veränderungs- und Verbesserungsvorschläge werden thematisiert.

Anonymität

Die Ergebnisse der Interviews werden aufgezeichnet, transkribiert und anonym ausgewertet. Die Aufzeichnung wird nach der Transkription gelöscht. Ihre Antworten werden nicht mit Ihrer Person oder Institution bzw. Firma in Verbindung gebracht. Sie bleiben absolut anonym. Die Aufzeichnung erfolgt nach Ihrer Einwilligung. Das Einwilligungsformular und die datenschutzrechtlichen Informationen finden Sie unter folgendem Link: https://www.zfti.de/experteninterviews-kammerstudie

Fragen*

1. Block: Partizipationserfahrung
   (bisherige Erfahrungen, persönlich förderliche und hinderliche Faktoren, Netzwerke, bisherige Abwägungen für und gegen Engagement/Wahlbeteiligung bezogen auf die Kammern)
   - Haben Sie schon einmal an Kammerwahlen als Wähler*in teilgenommen?
   - Haben Sie schon einmal überlegt oder etwas unternommen, um aktiv in einem Kammergremium mitzuwirken?
2. Block: Ehrenamtliches Engagement
   (Zeitbudget, Engagementerfahrungen, einwanderungsbezogene Voraussetzungen: Sprache u.a.)
   - Engagieren Sie sich anderweitig ehrenamtlich?
   - Welche Vor- und Nachteile sehen Sie bezüglich eines – ehrenamtlichen – Engagements?

3. Block: Wahrnehmung der Kammern/Interessenvertretung
   (eigene Interessenlagen, Berührungsängste, Behörde vs. Interessenvertretung)

   - Inwieweit kann die Kammer Ihre Interessen vertreten?
   - Welche Handlungsbedarfe sehen Sie diesbezüglich?
   - Wie zufrieden sind Sie mit den Dienstleistungen Ihrer Kammer? Spielt Ihre Einwanderungsgeschichte für die Zufriedenheit oder Unzufriedenheit eine Rolle?

4. Block: Empfehlungen
   (Wünsche bezüglich interkultureller Öffnung und Kooperationen, Kommunikation und Information, Positivbeispiele, Dos und Don´ts)

   - Wie kann das Engagement von Mitgliedern mit Einwanderungsgeschichte in den Kammergremien gefördert werden?
   - Gibt es weitere Themen, die Sie noch ansprechen möchten?

* Die Fragen hinter den Bulletpoints werden explizit gestellt; ggf. werden die Stichpunkte in den Fragenblöcken nachgefragt, so sich ihre Beantwortung nicht aus dem Gespräch ergibt.